中小学生不得不读的故事丛书

# 让青少年做到
# 言行一致的故事

本书编写组◎编



每一个好故事，都会带你种下完美人生的种子；每一个好故事，都是我们领悟人生的一盏明灯；每一个好故事，都是我们人生的一块基石。它给我们智慧的启迪，让我们抓住希望。对今天更加珍惜，对明天充满自信！

世界图书出版公司
广州・北京・上海・西安

**图书在版编目（CIP）数据**

让青少年做到言行一致的故事 /《让青少年做到言行一致的故事》编写组编著. —广州：广东世界图书出版公司，2010. 2（2024.2 重印）

ISBN 978－7－5100－1494－9

Ⅰ. ①让… Ⅱ. ①让… Ⅲ. ①品德教育－中国－青少年读物 Ⅳ. ①D432. 62

中国版本图书馆 CIP 数据核字（2010）第 024768 号

| | |
|---|---|
| 书　　名 | 让青少年做到言行一致的故事<br>RANG QINGSHAONIAN ZUODAO YANXING YIZHI DE GUSHI |
| 编　　者 | 《让青少年做到言行一致的故事》编写组 |
| 责任编辑 | 柯绵丽 |
| 装帧设计 | 三棵树设计工作组 |
| 出版发行 | 世界图书出版有限公司　世界图书出版广东有限公司 |
| 地　　址 | 广州市海珠区新港西路大江冲 25 号 |
| 邮　　编 | 510300 |
| 电　　话 | 020-84452179 |
| 网　　址 | http://www.gdst.com.cn |
| 邮　　箱 | wpc_gdst@163.com |
| 经　　销 | 新华书店 |
| 印　　刷 | 唐山富达印务有限公司 |
| 开　　本 | 787mm × 1092mm　1/16 |
| 印　　张 | 10 |
| 字　　数 | 120 千字 |
| 版　　次 | 2010 年 2 月第 1 版　2024 年 2 月第 11 次印刷 |
| 国际书号 | ISBN　978-7-5100-1494-9 |
| 定　　价 | 48.00 元 |

# 前　言

FOREWORD

言行一致是做人的基本准则。

言行一致指的是说的和做的完全一个样。言行一致是人类社会共有的一项基本行为准则，也是当前我国社会政治、经济、文化、司法、教育等活动中的一条重要原则。言行一致，换言之，也就是说要讲诚信。古人云：“行不率则众不从，身不先则众不信”，“人而无信，不知其可以”。一个社会能否和谐，一个国家能否长治久安，很大程度上取决于全社会成员的诚信素质和诚信意识。

言行一致的思想博大精深，丰富多彩，涉及修身、齐家、治国、平天下，形成了“人无诚信不立，家无诚信不睦，业无诚信不旺，国无诚信不稳，世无诚信不宁”的完整的理论体系，渗透到我们生活的方方面面。

言行一致于国家而言，就是执政者要政出必行，违法必究，执法必严，以信取民，以信立国。信，国之宝也，诚信作为一种为政之道，自古被认为是治国安邦的法宝，为历代统治者所重视，政令信者强，政令不信者弱。先秦时，商鞅为了变法，而“立木取信”；三国时曹操为了令行禁止，“挥剑割发”；隋文帝为了取信于民，严惩恶子，感召天下……这些都说明言行一致是立国之本，执政之基，是一个国家政治稳定的基础。统治者是否言行一致，是否讲诚信，是否取信于民，是导致国家生死存亡的重要因素。

言行一致于企业而言，就是要货真价实，公平交易，童叟无欺。只有这样，企业才能树立良好的信誉，尤其是在商品经济日益发展的今天，“一个企业要永续经营，首先要得到社会的承认、用户的承认。企业对用户真诚到永远，才有用户、社会对企业的回报，才能保证企业向前发展”，可见，良好的信誉是企业生存的命脉。

言行一致于个人而言乃是立身之本。做人就要言必信，行必果，说到做到，表里如一，与人交往中形成良好的美德。在人的一生，主要有两件事，一是做人，二是做事。古人说得好：“所守者道义，所行者忠信，所惜者名节。”春秋时期，程婴言行一致，舍子救孤；范式不辞辛苦，千里赴约，用行动诠释了友情的内涵；裴度拾金不昧，救人于危难，最终成为闻名天下的政治家……可见，古往今来，凡品德高尚、受人尊敬的人，都能身体力行地做到言行一致。倘若一个人没有诚信，那他在世上就无法立身，也难以成事。

在构建社会主义和谐社会的今天，言行一致也是社会主义道德建设的要求。为了更好地贯彻“八荣八耻”的社会主义道德观和价值观，建设社会主义和谐社会，首先就要处理好人与人之间的关系，改善社会风气，形成“人人为我，我为人人”的社会风尚，使整个社会洋溢着和睦、和谐的氛围。

言行一致是现代社会生活中每个人的立身之本，是高尚的人格要求，是青少年思想道德发展的基本要求。少年兴则国兴，少年强则国强，少年有希望则国就有希望。青少年是国家的未来，肩负着社会主义建设的重任。青少年的信用意识如何，将直接关系到我们民族的生存状态，关系到社会主义和谐社会未来的建设。所以，青少年朋友们要从小严格要求自己，从现在做起，从点滴做起，做一名合格的中学生。只有言行一致，才能立足于社会；只有言行一致，才能树立良好的形象；只有言行一致，才能赢得别人的信任。

本书精选了古今中外言行一致的美德故事，分为“守诺践约”、“以信立国”、“秉公执法”、“表里如一”四个部分。希望通过阅读本书，能更好地帮助青少年朋友们养成言行一致的好习惯，做一个表里如一的人。让传统美德扎根于生活的沃土之中，开出更加绚烂的花朵，结出更加丰硕的果实。

CONTENTS

# 目录

## 秉公执法



## 表里如一

# 守诺践约

## 桐叶封弟

人而无信，不知其可也。

——孔子

“桐叶封弟”又可称为“剪叶”，出自《吕氏春秋》。这个典故与周公旦有关。

周成王，西周国王，姓姬，名诵。他父亲周武王死时，他年纪还小，由他的叔父周公旦摄政。

周成王小的时候，有一天，他和与自己感情非常好的小弟弟叔虞在宫中的一棵梧桐树下一块儿玩耍。

忽然，一阵秋风吹来，梧桐树上的叶子纷纷飘落。风过后，地上留下了许多梧桐叶。成王一时兴起，便从地上捡起一片梧桐叶，用小刀切成一个（当时大臣们上朝时手中所持的）“圭”，并随手将它送给了叔虞，以玩笑的语气对他说：“我要封给你一块土地，喏，你先把这个拿去吧！”

叔虞听到成王这么说，随即欢欢喜喜地拿着这片用梧桐叶做成的

"圭"，跑去将此事告知他们的叔父周公。

当时周公仍代替尚是稚龄的成王执掌国政，听了叔虞告诉自己的话，便立刻换上礼服，赶到宫中去向成王道贺！成王不解地问："叔叔，你为什么要特地穿上礼服，赶来向我道贺呢？"面对周公的道贺，早已将此事忘得一干二净的成王，不禁一头雾水，不知所以……

周公依然面带微笑地对成王解释道："我刚刚听说，你已经册封了你的小弟弟叔虞！发生了这样的大事，我怎能不赶来道贺呢？"

"哦，那件事啊！"这才想起此事的成王，忍不住哈哈大笑，说："刚才，我只不过是和叔虞闹着玩而已，不是真要册封他呀！"

不料，成王话刚说完，周公立即收起笑容，沉下脸色对成王说："无论是谁，说话都要言出必行；你身为天子，说话更是不能随随便便，当做是在开玩笑一样。如此，你才能得到人民对你的信赖呀！倘使你总是罔顾信义，任意将自己说出口的话视为玩笑，这样，你还有资格做一国的天子吗？"

## 程婴舍子救孤儿

> 受人之托，终人之事。
>
> ——高则诚

程婴，春秋时期晋国人。他是晋灵公、晋成公在位时老相国赵盾的门客，是个忠诚守信、言行一致之士。

公元前620年，晋襄公死后，七岁的儿子做了国君，就是晋灵公。晋灵公长大以后很不成器，终日吃喝玩乐不理朝政。他非常讨厌赵盾，因为赵盾是个忠诚老实的大臣，为了晋国的霸业，经常干涉晋灵公的行为。同朝大臣屠岸贾却会百般奉迎，所以晋灵公很得意他。在屠岸贾的助长下，晋灵公更加不务朝政，做事没有分寸。他用弹弓随便打宫外行人，残害百姓；对厨子稍不满意，就大卸八块。对赵盾的耿耿劝谏，非但不听，反而恨之入骨。他和屠岸贾多次设计杀害赵盾。但均因义士相救，而未能得逞。后来，赵盾的叔伯兄弟赵穿用计，把晋灵公杀了。

晋国立晋成公为国君。晋成公非常信任赵盾，还把自己的女儿庄姬嫁给了赵盾的儿子赵朔为妻。从此，赵家有了很大的势力。

晋成公、赵盾、赵穿相继去世以后，晋景公做了国君。晋景公非常傲慢，喜欢奉承。屠岸贾又得了宠。屠岸贾因为跟赵家有仇，就利用晋景公害怕赵家势力越来越大的心理，以赵穿刺杀晋灵公一事为罪名，把赵家满门抄斩。只有赵朔的媳妇庄姬幸免，因为她是晋景公的妹妹。这时，她已怀孕，晋景公说，要是生个男孩，就把他杀死，以免后患。于是，屠岸贾天天探听庄姬的消息。

赵家有两个门客，一个叫程婴，一个叫公孙杵臼，二人都是老相国赵盾的心腹人。他们二人一心要救赵家的孤儿，长大之后好给赵家报仇。庄姬生下一个儿子，在田后的帮助下，被程婴救出宫去。屠岸贾暗中派人到后宫打探，听说庄姬生个女孩，才生下来就死了。屠岸贾起了疑心，他得到晋景公的许可，亲自带人进宫去搜查孤儿，没有搜出来。他断定那个孩子一定被偷出去了。为了斩草除根，就发了一个通告：“有人报告赵家孤儿去向的，赏黄金一千两。有敢偷藏的，全家死罪。”同时，他派出许多人到处搜查，凡是有婴儿的人家，无一漏过，见到可疑的男婴，就一律杀掉。

在这种情况下，程婴和公孙杵臼商量救孤儿的办法。公孙杵臼问程婴说：“抚养幼儿跟慷慨就义哪一件事难？”程婴说：“死了倒是容易，抚养幼儿可就难了。”公孙杵臼说：“那么，就请你担任那件难做的事，容易的让给我吧。”他决心以死来救孤儿，让程婴把孤儿扶养成人，将来为赵家报仇。程婴答应了，并把自己刚生下来的儿子，交给了公孙杵臼，换出了孤儿，并假装去向屠岸贾告密。

程婴带领屠岸贾，在公孙杵臼家里搜出了婴儿。公孙杵臼高声大骂程婴：“该死的东西！你还有天良吗？你我约定救护孤儿，谁知你贪生怕死，背信弃义，出卖朋友，丧尽良心！你为了贪图千金重赏，变成了畜牲！你怎么对得起赵家的冤魂？你怎么对得起天下的人？”程婴不敢开口，只有低着头流眼泪。屠岸贾当着他们的面将假孤儿摔死。公孙杵臼指着屠岸贾骂不绝口。屠岸贾立刻吩咐武士把他砍死。事后，屠岸贾赏给程婴一千两金子。程婴流着泪说：“小人只想自己免罪，保住自己的儿子，才告了密，并不是为了贪图重赏。现在我成了不仁不义之人，要是大人体谅小人的苦衷，请把这些赏金作为掩埋赵家和公孙杵臼用吧，小人就感恩不尽了。”屠岸贾答应了他的请求，程婴拜谢出去后，急急忙忙去办理埋葬的事。

程婴虽然舍弃亲生的儿子救了赵家孤儿，反落得晋国上下留骂名。程婴骗过屠岸贾，就带着孤儿，投奔他乡，隐居起来。他忍辱负重15年，用自己的行动实践了当初的诺言，终于把孤儿抚养成人，练成一身武艺。后来在司马韩厥等大臣们的帮助下，孤儿终于报了大仇，并用屠岸贾的人头祭奠了赵家死去的冤魂。这时，晋国上下才知道程婴的为人，从此，程婴忍辱负重、诚义守信的美德广为流传。

## 季札挂剑还愿

> 以信接人，天下信之；不以信接人，妻子疑之。
>
> ——杨泉

春秋时，吴王寿梦有四个儿子，最小的一个名叫季札。据说这位季札公子天资聪颖，仁爱有德，吴国上自群臣百官，下至黎民百姓，都十分敬重他。

吴王寿梦临死的时候，很想把王位传给季札，大臣们也都同意。可是季札坚决不接受，他说："我上面有三位哥哥，他们都是有才有德的人，怎么能够废弃年长而贤明的哥哥，立年幼而无才的弟弟做国君呢？"

寿梦无奈，只好留下遗嘱，把王位传给了季札的大哥。等到丧事办完，大哥带着大臣们来找季札，一定要把王位让给他。可是，他们扑了个空，原来季札听说大哥要来让位，已经预先躲到一个偏僻的山村里种地去了。

这以后，王位从大哥传到二哥，又从二哥传到三哥。每一次，他们都想让位给季札，而季札总是推辞不受。实在推辞不掉，他就躲到别的国家去住一段时间，等哥哥当了国王，他才回来。季札为什么要这样做呢？一来，他是个诚实谦虚的人，总是看自己的缺点多，觉得哥哥比他更适合做一国之主；二来呢，季札对文艺更感兴趣，他从小多才多艺，精通文学、音乐和击剑，喜欢自由自在的生活，不愿意受政治的约束。所以，季札一生没有做官，总是云游四方，天下各国到处都有他的朋友。

季札虽然不愿继承王位，但是他并非不关心国家的事情。当他外出周游列国的时候，常常带着国家的使命，拜访各国的君王和大臣，商议有关的国家大事。哥哥们都知道季札在外面朋友多，威望高，也愿意把一些外交联络的使命托付给他去办。

有一回，季札出使经过邻近的徐国。徐国的国君早已仰慕季札的人品和才学，两人一见如故，谈得十分投机。季札发现徐君也爱好文艺，而且剑术高妙，为人又热情爽朗，觉得真是遇到了知己朋友。徐君对季札也是佩服得五体投地，觉得他甚至比人们传说的还要高雅，热情有才气。两人一边饮着美酒，一边纵论天下大事，他们越谈越知心，越谈越舍不得分开。

一天，两人又在庭院中饮酒，季札对徐君说："久闻陛下剑术为天下一绝，前两天只听您谈论剑道，还未曾亲眼见您的身手，今天能否让我一饱眼福？"

徐君也不推辞，站起身，就从肋下抽出宝剑。那时候，有身份的人都随身佩带宝剑，连国王也不例外。像徐君这样喜爱剑术的人，当然更是剑不离身了。只见徐君走到庭院当中，丢开一个架式，就舞起剑来。真是好剑术！一支剑舞起来，就如百条银蛇上下翻飞，只见寒光，不见人影。等到徐君忽然一个收式，立在原地对，那只剑已经在不知什么时候插回到他肋下的剑鞘里了。

季札拍手叫好，徐君连忙说："献丑了！我早听说公子不仅剑术精妙，而且有一柄神剑，是贵国的传世之宝，今日能否也让我见识一下呢？"

季札从腰间解下自己的宝剑，递给徐君看，说："就是此剑，请陛下过目。"

这柄剑长不满三尺，剑身很薄，虽然剑把上镶着名贵的宝石，但一般人也看不出它有什么神奇之处。季札解释说："此剑极为锋利坚韧，削铁如泥就不用说了。此外，它还有一样奇绝之处，就是能够把最柔软无力的东西一挥两段。"

说着，季札让随从爬到树上，从上面扔下一块丝绢，那丝绢飘飘忽忽地落了下来，大家一看，这么软绵绵的东西飘在空中，怎么能把它削断呢？再看季札，已经把剑插回到腰间，坐在那里不慌不忙地饮了一口酒。等到那丝绢落到两人多高的时候，只听呼的一声，季札已经从座上跃起到空中，大家谁也没看清他的剑是怎么拔出来的，就见寒光三道，季札又落回到桌旁坐下。再看那块丝绢已经变成四片，刚好也飘落到地上。

大家愣了一会，才都高声叫起好来。徐君又要过宝剑来欣赏，连声称赞道："真是神剑，神剑啊！"

接下来的这一天，季札发现徐君无论谈论什么，都有点心不在焉，目光老是不由自主地落在自己腰间的那柄宝剑上。他当然知道，徐君爱剑如命，见到一柄好剑，自然是非常想得到。季札是个豪爽仗义的人，要是别的东西，他早就拿出来拱手相送了。但这柄剑可不是寻常之物，它不仅是自己最喜爱的宝贝，而且是传国之宝，是自己作为国家使节的一件信物。现在出使的任务还没有完成，怎么能拿出来送人呢？他真有点为难了，因为他的确很想满足这位好友的心愿。

徐君心里也明白这一点，所以，尽管他对这柄剑爱得不得了，可还是没好意思开口。为了不让季札为难，他干脆强迫自己不再看那柄剑了。

几天后，季札要上路了。分手的时候，徐君依依不舍，再三嘱咐季札一路上小心保重，还把自己许多珍藏的宝物送给季札。两人挥泪而别。季札的马车已经走出一里多地了，徐君仍然站在那里挥手。季札回首看着徐君的身影，心里默默地说："徐君，请放心。出使回来，我一定来看你，那时我会把宝剑双手奉送给你。"他抬头看了看蓝天，心里暗暗发誓，表示决不食言。

数月之后，季札出使归来，又经过徐国。没想到，徐君在不久前意外地去世了。季札赶到墓前，痛哭起来。他后悔上次没能同徐君多相处一段时间，怨恨老天竟然让这样一位英才过早地离开了人间。按照礼节，季札在墓前祭祀了三天三夜，每晚他都坐在墓碑下，默默地流泪。

第四天一早，季札要离开徐国回吴国了。他又在墓前祭祷了一番，临走时，他郑重地解下那柄宝剑，轻轻挂在墓前的松树上，嘱咐守墓的徐国官员看好宝剑。然后说："徐君，原谅我不能在此长守了，这柄剑是我答应送给你的。现在我把它留下，你见到它，也就如同见到我了……"

等季札登上马车后，一位随从对他说："公子，这剑是稀世之宝，把它挂在墓前未免可惜了啊！再说，我们也从没听您许诺要把它送给徐君呀。"

季札头也不回地答道："这剑早就该送给他的，当初虽然没有奉送，可我心里早已许下了诺言。如果因为朋友去世了，就违背诺言，那我季札还能算个诚实的人吗？"

# 吴起征兵

言无常信，行无常贞，惟利所在，无所不倾，若是则可谓小人矣。
——荀子

魏武侯派吴起担任西河太守，西河西边是秦国，秦国有个岗亭靠近秦魏边境。驻守岗亭的秦国士兵经常来西河骚扰边民，西河百姓深受其害。因此，吴起一来，就决心拔掉这个钉子。

可是，吴起手下兵力不足，临时征兵又很难征到。怎么办呢？他想了一个主意。

一天，吴起叫人把一根车辕子搬到了北门外面，并把它斜靠在北门的一侧，旁边贴张告示："如果有人能将这根车辕子搬到南门外面，本太守将赏给他良田二十亩，上等住宅一套。"落款处是吴起的亲笔签名，并赫然盖着"西河太守"的大印。

消息很快传开了，许多人围着车辕子议论纷纷，就是没有人动手去搬。

一直到傍晚时分，北门来了一个二十多岁的小伙子。他看了看告示，又看了看车辕子，将信将疑地问那负责监守的士兵："这是真的吗？"

那士兵回答："你没看见太守的大印吗？"

小伙子心里还有些狐疑，但他决定试一试。于是，他扛起车辕子，迈开大步，穿过繁华的闹市区，一直送到南门外面，小伙子身后跟着一大群看热闹的人。他们一方面嘲笑小伙子白日做梦，想得到天上飞来的横财；另一方面也想看看结果究竟如何。

负责监守的士兵看见车辕子送到了指定地点，就领着小伙子进了太守府。不一会儿，小伙子出来了，他满心欢喜，手里拿着太守赏给的田契和房契。看热闹的人见了，眼红得不得了，后悔当初自己为什么不试一试。

第二天，吴起又叫人把一石豆子放在东门外，出告示说："如果有人把这石豆子送到西门外面，本太守将像昨天一样给予奖赏。"

这一次，人们都争着去搬豆子。搬运的人同样得到了赏赐。自此以后，西河百姓都知道了，新来的太守言出必践，很守信用。

吴起看看时机已经成熟，就出了第三张告示："本太守明天将领兵攻打秦国的岗亭，为西河百姓除害。现在大量征收壮丁，希望大家积极参军。攻打岗亭时，首先攻上去的，将封为国家的大夫，赏给上等的住宅和田地。"落款处依然是吴起的亲笔签名和西河太守印。

百姓见了告示，都争着报名参军，不一会儿就征收足够的兵丁。第二天，吴起率领人马向秦国岗亭发起猛攻，将士们个个奋勇争先，一个早晨就把秦国的岗亭拿下来了。

## 魏文侯不负山野人之约

> 凡出言，信为先。
>
> ——《弟子规》

魏文侯姬姓，名斯，魏桓子之孙。从公元前 445 年封侯至公元前 396 年去世，在位执政 49 年。

周王朝末期，中央统治昏庸无能，各诸侯国互相攻伐征战兼并领地，扩张势力，希望以此来称王称霸。魏文侯为了富国强邦，广征英才贤士，来辅佐他成就霸业。他礼贤下士，言出必诺，表里如一。臣下魏成向他推荐卜子夏、田子方、段干木三位贤德之士，魏文侯都拜为国师，留在身边随时请教。更令人感动的是，他每次经过段干木的住宅时，都要在车上俯首行礼，以示尊敬。他虔诚敬贤的事迹传开后，四方贤德之士接踵归附。魏文侯还是一个虚怀若谷、倾听臣下劝谏的人。

一天，魏文侯与国师田子方一起饮酒，乐师奏乐助兴，钟鼓琴瑟，管弦丝竹，好不热闹。忽然，文侯侧耳倾听少许，说："编钟的乐声有些不协调，好像左边高。"田子方微微一笑，不以为然。魏文侯十分诧异："你笑什么？"田子方躬身一揖，诚恳地说："臣下我听说，国君懂得任用乐官，不必懂得乐音。现在国君您精通音乐，我可担心您会疏忽了任用官员的职责。"魏文侯听罢，欣然接受，起身道谢，并称赞说："国师您说得太对啦！我一定记住这些忠言。"大将乐羊攻打中山国，尽占其地，魏文侯把这些领地封给自己的儿子魏击。他得意地问群臣："我是什么样的君主？"大家异口同声说："您是仁德君主！"只有任座不肯阿谀，直言说："国君您得到了中山国，不用来封您的弟弟，却封给自己的儿子，这算什么仁德君主！"魏文侯闻听此话，勃然大怒，任座拂袖愤然离去。魏文侯又问翟璜，翟璜回答说："您是仁德君主。"魏文侯问："你何以见得？"翟璜说："臣下我听说，国君仁德，他的臣子就敢直言。刚才任座的话很耿直，于是我知道您是仁德君主。"一席话，说得魏文侯有所领悟，转怒为喜，立刻派翟璜去迎任座回来，并亲自迎下殿堂，奉为上宾。

魏文侯不仅对自己的臣子虔诚守信，就是对一般百姓也是言出必行。

有一次魏文侯大摆酒宴与群臣同乐，菜香酒醇，鼓乐喧天，君臣喝得意酣情浓，神彩飞扬。正欢乐间，外面风雨大作，见此情景，魏文侯放下玉爵，起身招呼侍臣备车。左右群臣对国君的突然决定感到奇怪，不解地问："我们君臣饮酒正在兴头上，外面又下着大雨，国君打算到哪里去呢？"魏文侯挥挥手，说："郊外山野。"大家都疑惑地你瞅瞅我，我望望你，谁也不知道大王究竟要干什么。魏文侯怕扫了群臣的兴头，于是耐心解释说："我和山野村长约好今天去打猎，虽然这里很快乐，也不能不遵守那边的会面约定。"说完登上车，亲自奔赴山野之中与相约之人见面，告诉他，今天下大雨不能去打猎，特来相告。山野村长听后，很受感动，暗暗称赞：大王，真是个言行一致的人啊！

## 商鞅变法立竿为信

> 政者，口言之，身必行之。
>
> ——《墨子·公孟》

商鞅，战国时期卫国人，姓公孙，名鞅，后在秦国受封领地“商”，就称他为商鞅，也叫卫鞅。他是中国古代著名的社会改革家。

商鞅年轻时，就非常喜欢研究法律，是一个很有才华的人。开始是在魏国宰相公叔座手下当一名小官。公叔座发现他很有才能，曾向魏惠王建议让他治理整个国家，魏惠王没有采纳，所以，商鞅在魏国始终未被重视。

后来商鞅听说秦国要振兴国力，招募贤人，为了施展自己的报负，毅然离开魏国到了秦国。商鞅到秦国后，经人介绍，拜见了秦孝公，向秦孝公宣讲了“治世不一道，使国不法古”的道理，以及富国强兵的办法，很受秦孝公的赏识。商鞅在秦孝公的支持下，制定了鼓励耕战的新法令。

商鞅所制定的法令条文，对惩罚和奖励规定得都很明确，但也是很严格的。他认为要人们遵守法令，就必须先相信法令。他说：“对人的行为怀疑就谈不上名义，对事情怀疑就谈不上取得成就。”他怕老百姓不相信新法能真正实行，所以，在新法令制定好之后，没立即向老百姓公布，而首先取信于老百姓，要老百姓相信他商鞅说的话是算数的，所制定的新法令是要按章办事的，说到做到。要树立变法的信实感，怎么办呢？

商鞅令手下人在咸阳都城南门市场上立了一个三丈长的木竿，公布告示，招募百姓把木竿搬走。如果谁能把木竿搬到北门，就奖励他十两银子。开始老百姓对这件事，都感到很奇怪，谁也不敢搬。就这样，过了几天还是没有人搬。于是商鞅便派人又张出告示说："能搬到北门的，奖励他五十两银子。"这时，有一个人抱着试试看的态度，把木竿从南门扛到北门。商鞅命人真的赏给那人五十两银子。这件事在老百姓中间传开了，大家都相信商鞅说话算数，而不是哄骗人的。商鞅取得了老百姓的初步信任。事过不久，商鞅突然在全国公布了新法令。

新法实施以后，多数人能按法令规定办事，但也有少数人不守法令。商鞅对这些人不迁就，一律按法令办事。开始太子带头违法，商鞅在不便直接处罚太子的情况下，严厉地惩罚了太子的两位老师。这下，谁也不敢违法了，真正做到了令行禁止。于是，秦国社会秩序大治，出现了道不拾遗、山无盗贼、家给人足的局面，为秦国后来的强大奠下了基础。

## 曾子杀猪教子

志不强者智不达，言不信者行不果。

——墨子

曾子名叫曾参，是孔夫子的学生，曾经写过《孝经》一书，后来的人们敬佩他的才学和品德，尊称他为曾子。

孔子经常教导他的学生，要"言必信，行必果"。就是说：讲话一定要算数，要说到做到；办事一定要坚决果断，不能犹豫不决。曾子把老师的这些话牢牢地记在心里，每天晚上睡觉前，他都要再三地问自己："给人家办事，我做到诚心尽力了吗？对待朋友，我有没有不诚实、不守信用的地方呢？老师的教诲，我认真复习过了吗？”

日复一日，年复一年，曾子一直这样严格地要求自己，成了远近闻名的诚实之士。人们办事都喜欢找他，有时甚至把性命攸关的大事也交给他来办。因为大家都知道，曾子是最诚实、最讲信用的人，事情交给他来办，是完全可以放心的。

时间过得很快，转眼之间，曾子也成了中年人，有了妻子和孩子。这时，孔夫子已经去世，曾子就用孔子当年的教育方法来教自己的孩子，希望他们也能成为品德高尚的人。

有一回，曾子的夫人打算去集市上买东西，六岁的小儿子曾申吵着要跟母亲一起去。曾夫人弯下腰来，对曾申说：“儿啊，娘今天要买的东西太多，带你去不方便，下次再带你去好不好？”

“不！我就是要去嘛！”

“今天不行，下次再去吧。”

“你骗人！到了下次又不带我去了！”

“瞎说，娘什么时候骗过你了？”

“上一次你就说下次带我去，这次你又说下次去，这不是骗人是啥嘛？”

“娘不是骗你，娘是没想到这次要买这么多东西。”

“多买东西，我正好可以帮你拿嘛！”

“你一个小孩子，能拿什么东西呀。”

“我能！我能！昨天你抱柴，我不是帮你抱了吗？你还夸我能顶个大人用呢！”

“好，你能，你能！可是娘今天买完东西，还要去办点事情……”

“你看，你又骗人了！刚刚说是买好多东西，现在又说去办事情，骗人！骗人！”

“胡说！你这孩子真没礼貌！我看你是想挨揍了吧！不懂事的东西！”

曾申看母亲真动了肝火，才不敢喊了，可嘴里还在嘟囔着：“爹说过，君子要言而有信，大人说话不算数，算什么君子……”

说着，曾申不服气地梗着小脖子，眼里还滚出几颗泪珠。

曾夫人看他那副小大人似的样子，憋不住，噗哧一声笑了出来："你这孩子呀，就是死犟嘴。好了，好了，你不要闹，下次娘一准带你去，你乖乖在家玩，等娘回来给你烧肉吃。"

一听说要吃肉，曾申来了精神，他跳起来，又喊道："娘，昨天隔壁李家杀猪。他们吃得好开心啊！我们也把猪杀了好吗？"

曾夫人挣开曾申的手，边向外走，边随口说道："好，好，都依你，回头你爹回来，叫他杀吧！"

曾夫人走后不久，曾子从外面办事回到家，进门一看，见小儿子曾申正在摆弄一把菜刀，连忙上前夺下刀，说道：

"你小孩子怎么玩起刀来了？"

曾申兴奋地叫道："爹，你可回来了，今天我们要杀猪！我正要磨刀，等你回来杀那口大黑猪呢！"

"杀猪？"曾子奇怪了，"谁说要杀猪？"

"娘说的，娘亲口答应我的。"

"小孩子可不要撒谎啊！"

"谁撒谎，我要是撒谎，让我变成那黑猪被杀掉，烧了让你吃！"

曾子心想：怎么搞的，猪还没长到时候，就杀了吃？莫非她昏了头了？看孩子的口气，也不像凭空瞎编，大概是她娘随口说来哄他的。只好等她回来，再想办法哄这孩子吧。

想着，他就对曾申说："你先去玩，等你娘回来，我问过她再说，好不好？"

说完，曾子就放下背囊，走进房内写文章去了。

曾申是个机灵孩子，他看出爹的样子不像是认真要杀猪的，心里就算计开了，他眼珠一转，主意就来了。

屋内，曾子正在伏案作文章，门吱呀一声开了，只见曾申手里捧了一竹箩沙子走进来。春秋时候还没有纸，人们都是在竹片或丝帛上写字，曾子家里穷，就用竹箩盛上沙子来教孩子写字。

曾申把竹箩端到父亲身边，说："爹，你昨天教我的字还有几个我写不好，再给我写一下行不？”

曾子看儿子这样勤学，心里高兴，便放下笔，问道：“你先写给我看。”

曾申写过几个字后说：“就是那个‘信’字，我写不好。”

曾子便把着儿子的手，把“信”字写了几遍。

曾申又说道：“爹，你再把‘信’的意思给我讲讲好吗？”

曾子更高兴了，他捻着胡子说道：“孩子，这‘信’字，一是讲要诚实无欺；二是讲要守信用，也就是说到做到言行一致。一个人无论做什么事情，都不能说了不算。如果……”曾子正讲到兴头上，曾申突然插进来问：“爹，娘要是说了要杀猪，回来又不让杀，这能算‘信’吗？”

“这……”曾子愣了一下，仰天大笑起来，“你这鬼机灵，没想到你这小脑瓜里还有这么多鬼点子！好，让爹想想。这猪虽然还没长够膘，可也有个百十来斤了，嗨……好吧，既然你娘答应了，咱们就杀了它！”

曾申高兴得蹦了起来，一溜烟地跑去拿刀，找绳子，烧开水。爷儿俩欢天喜地，忙了半晌，等曾夫人回到家里，那口大黑猪已经变成了一堆猪肉了。

曾夫人一看，忙问：“你怎么把猪杀了？这猪正是长肉的时候呀！”

曾子笑着说：“这要问你了，你答应儿子杀猪，我才杀的呀。”

“我哪里答应他了，我是说买肉给他吃的。”

曾申一下子跳起来，喊道：“娘，你走时亲口说的，叫我等爹回来杀猪，怎么又反悔？”

“我……嗨！我是缠不过这孩子，随口一说，你怎么就当真了呢？”

“一言既出，驷马难追。你既然对孩子说了，当然就要算数。一口猪杀了，还可以再养；孩子要是学会了不守信用，可要贻害终身呀。我一辈子要求自己言而有信，对孩子更要教育他这样做。好了，别生气了，快去准备烧肉吧！”

曾子说完，转过身拍了下儿子的脑袋，说：“愣什么，还不去帮你娘抱柴烧水！”

曾申欢呼着跑了，曾夫人忍不住也笑了，说了句：“你们这爷儿俩啊，真是一对疯子！”

# 蔺相如冒死完成重托

> 实言实行实心，无不导人之理。
>
> ——吕坤

蔺相如，战国时赵人，原是宦官令缪贤的门客，后被赵王封为上大夫。

他不仅是国家的重臣，而且是大智大勇、忠义守信之士。这件事还要从秦昭王想要赵国的和氏璧事件说起。

战国时期，赵惠文王得到一块价值连城的和氏璧。秦昭王听说以后，非常想得到这块宝玉，就派使者去见赵王，说秦王情愿让出15座城来换取和氏璧，希望赵王答应。其实秦昭王并不是真心要用15座城换和氏璧，主要是想借机试探一下赵国对秦国的态度和力量。

赵王觉得这件事很棘手，弄不好不仅要丢面子，白白失掉和氏璧，甚至会和秦王翻脸，以至于让秦国乘虚而入。所以十分为难，就和大臣们商量，一时间也没有想出妥善的办法，又找不到合适的人出使秦国办这件事情。这时，宦官令缪贤向赵王推荐自己的门客蔺相如，说他是个有胆有识的人。赵王就把蔺相如召来，商量对策。

蔺相如说："秦国强，赵国弱，不答应不行。"

赵王说："要是把和氏璧给了秦国，而秦国却不给赵国城，怎么办？"

蔺相如说："秦国答应用15座城来交换一块璧玉，这个价值已是高出许多倍了。如果我们不答应，别人就会认为赵国理亏了；如果赵国同意把和氏璧送去交换，而秦王却不给赵国15座城，那么秦王就理亏了，别人就都会认为错在秦国。请大王考虑这件事的得失。"

赵王说："那么就请先生带着和氏璧去秦国一趟吧。可是万一秦王不守信用，怎么办？"

蔺相如说；"如果秦国把城给了赵国，我就把和氏璧留给秦国，否则，我一定再把这块玉完好地送回赵国来。"

于是，蔺相如就带着和氏璧到了秦国，把它献给秦王。秦王得到玉，十分高兴，并把璧递给左右侍女，让大伙儿传着观赏，就是不提换城的事。

蔺相如站在殿堂上等了很久，心想：秦王果然有诈！可是璧已经落在他们手里，怎么才能拿回来呢？他急中生智，上前对秦王说："这块璧虽好，但也有点小毛病，极不容易瞧出来，请让我指给大王看。"秦王信以为真，就吩咐把璧递给蔺相如。

璧一到手，蔺相如立即退到一根大柱子旁边，瞪着眼睛，怒气冲冲地说："大王派使者说情愿用15座城来换这块璧。赵王本不愿交换，但考虑到两国的关系，所以诚心诚意派我把璧送来了。可是，我已看出大王并没有交换的诚意，现在璧在我的手里，大王要是强行夺取，我就宁可让自己的脑袋和这块璧一同碰碎在这柱子上！"说完，好像就要行动似的。

秦上见此情景，连忙向他赔不是，又立即命令拿上地图来说："请先生别误会，我哪能说话不算呢？"并把准备划给赵国的15座城指给蔺相如看。

蔺相如暗想，决不能再上他的当了，就说："赵王派我送璧之前，为了表示诚意，斋戒了五天，还举行了很隆重的送璧仪式。大王如果诚意换璧，也应当斋戒五天，再举行一个接受璧的仪式，到时我再把璧奉上。"

秦王想：反正你是跑不掉的，就同意了。他吩咐人把蔺相如送回馆驿安歇，并派人把他监视起来。蔺相如回到馆驿后，暗中派一个随从的人，改扮成商人模样，带着和氏璧，偷偷地从小道送回赵国去了。

等到五天后，秦王举行了接受璧的仪式，让蔺相如上朝献璧的时候，蔺相如不慌不忙地向秦王行了礼，义正言辞地说道："秦国自秦穆公以来，前后二十几位君主，没有一个是讲信用的。我怕再受欺骗，丢了和氏璧，对不起赵王，所以我早已把璧送回赵国去了。请大王治我的罪吧。"

秦王一听，大发雷霆，气势汹汹地说："是我欺骗了你，还是你欺骗了我？”

蔺相如镇静地说：“请大王别发怒，让我把话说完。天下诸侯都知道秦强赵弱，所以只有强国欺压弱国，而决没有弱国欺负强国的道理。大王要是真心要那块璧，就请先把15座城割让给赵国，然后派使者随我同到赵国取璧，到时候赵国决不敢不把璧交给秦国。”秦王听蔺相如说得义正严辞，又有别国使者在场，不好翻脸，只好说道：“不过是为了一块璧罢了，不要为这件事伤了两国的和气。”

结果，秦王只好让他回赵国去了。蔺相如以自己的智慧和勇气，以弱胜强，说到做到，终于完璧归赵，实现了自己对赵王的承诺，完成了出使秦国的使命。

## 韩信报恩

> 人无忠信，不可立于世。　　——程颐

韩信，淮阴（今江苏清江西南）人。他是我国古代著名的军事家，为刘邦开创帝业立过大功。汉朝建立前，被封为齐王；汉朝建立后，改封为楚王，后降为淮阴侯。

韩信从小喜读兵书，有满腹的学识，一心想着能披挂上阵，在战场上建功立业，当个将军。但是在他年轻的时候，却没有人赏识他的才气，很不得志。

那时候，韩信很穷，日子过得很清苦。为了糊口，他经常到江边去钓鱼，碰上好运气，倒也能换些钱勉强度日。可是钓鱼也很不容易，每当钓不到鱼时，他就要饿肚子了。

有一天，韩信又到江边去钓鱼，眼看着已经过晌午了，可是连一条鱼也没有钓上来。韩信又饿又累，没有什么办法，就在那里望着手中的鱼竿发呆。

江边有一位以洗衣为生的老大娘，看到韩信一个人在那里郁郁寡欢，垂头丧气，就十分关心地走过来问："年轻人，你怎么了？有什么心事吗？"

韩信抬起头，见是一位慈祥的老大娘在问话，就如实告诉她说："老大娘，我家里没有什么吃的了，想钓几条鱼换点钱买吃的，但到现在连一条鱼也没有钓到；这可让我吃什么呀？"

老大娘听了，不由得心生同情。于是就说："年轻人，如果你不嫌弃，就到我家先吃些东西填填肚子吧！"只要有吃的，韩信当然不会嫌弃，于是就收了鱼竿跟大娘去了。

韩信和老大娘一路走一路说着话。老大娘从韩信的话中了解了韩信的家世和抱负，从心里喜欢这个虽然生活困苦但却有理想的年轻人。这以后，老大娘经常送些饭菜给韩信吃。韩信非常感激。

一天，老大娘又给韩信送来了一些饭菜。韩信很激动，就对老大娘说："大娘，您对我真好，等我以后做了大事，一定要好好地报答您老人家！"

老大娘听了这话却生气了。她说："你以为我是为了让你报恩才帮你的吗？错了！我看你是个堂堂大丈夫却不能养活自己，因为同情你才帮你的！"

韩信听了老大娘的话，默默地吃着饭，就不再多说什么了。不久，韩信就拜别了老大娘，离开了家乡，出外闯荡去了。

很多年过去了，韩信成了刘邦军中的名将，帮助刘邦打下了天下，建立了汉朝。刘邦封他为楚王，有了很高的声望。但是，他心里一直惦记着当年接济过他的那位老大娘。

韩信让人打听到了老大娘，不但经常派人给老大娘送去各种物品，好让老大娘不再过那劳碌贫困的生活，而且还特意回家乡看望老大娘，并给老大娘送了一千两黄金。

老大娘说："你不要拿这些钱给我，一来我已经老了，活不了几天了，要这么多钱没有什么用了；二来我也没有为你做过什么大不了的事，哪能要你这么多的钱呢?”

韩信恳切地说：“当年我饿肚子的时候，您给我吃的虽然是粗茶淡饭，但对我来讲这帮助是很可贵的，更何况您那时是在自己生活也很困难的情况下帮助我的。现在我有能力了，理应报答您老人家！而且当年我也说过，等我以后做了大事，一定要好好报答您的!”

他还说：“我知道，您当年不是为了要我报答才帮助我的。也正因为如此，我才更感到您是真心对我好。所以，我就更应当好好地感谢您，报答您!”

韩信知恩图报，言行一致的故事一直被后人所敬仰。

## 范式千里赴约

> 有所许诺，纤毫必偿。有所期约，时刻不易。
>
> ——袁采

东汉永平年间，一个明朗的秋日，在汝南郡的一个村子里，青年学者张劭正在自家的庭院中来回踱步，不时侧耳听听院外的动静，好像在等什么人。他嘴里不住地叨念着：“巨卿兄怎么还不到呢?”

他说的这个巨卿，就是山阳郡（郡治在今山东金乡县）人范式。范式字巨卿，是张劭在大学里的同学，两人多年寒窗相伴，结下了深厚的友情。两年前，他们同日离开京都洛阳回家，分手的时候，两人依依不舍，洒泪而别。那一天正好是九九重阳节，他们约定两年后的今天，范式来汝南郡探望张劭。

光阴飞逝，两年的时间转眼就过去了。越是临近约定的日期，张劭的心情就越是不能平静。他急切地盼望着与好友重新欢聚，以至于坐卧不宁，寝食不安。

张劭的老母见儿子这样，怕他急坏了身子，就劝他道："儿啊，何必如此心焦，朋友之间，总有机会见面的。再说，山阳郡离咱们这里有上千里的路程，又是两年之前随口说的一句话，到现在人家怕是早都忘记了，你也别太认真了。"

张劭认真地答道："娘，您不了解巨卿，要说巨卿这人，那是当今天下数一数二的诚实君子，他做事情，从来没有违反过大义；他说过的话，从来没有不兑现。讲好要来，他是决不会失约的。"

"你这孩子啊，真是实心眼！好吧，我就给你准备酒宴招待客人吧。唉，我只是怕你急坏了身子啊。"

"不会的，巨卿一到，我还会高兴得年轻几岁呢！您就放心地去准备吧。"

重阳节终于到了，张劭一家人早早起来，把酒杀鸡，忙活了半天，备好了一桌丰盛的酒菜。可是，范式还没出现。张邵简直望眼欲穿了，他整好衣装，急步走到村头，立在大树下等候。

看看到了正午，正是两年前他们分手的时刻。就见一辆马车从远处飞奔而来，车到大树下停住，下来一个书生打扮的中年人，向张邵疾步跑来，张邵定睛一看，来人正是范式！

两人跑到一起，各施大礼，然后紧紧拥抱。张劭说："大哥果然不远千里，赶来赴约。不过，为何不早到几天，让小弟等的好心焦啊！"

"贤弟，只怪我心里着急，又加上饮食不慎，途中病倒在客栈里。要不是店家好心照看，我几乎要丧命了。"

张劭一看，范式果然是一副病容，身子轻飘飘的，好像还站不稳似的。张劭很有点不过意，说："大哥为了看我，病成这样，小弟真是有罪了。"

范式笑了起来，说道："你我二人还要说这些客套话吗？我要是今日见不到贤弟，那才会急死呢。快领我去拜见伯母吧。我还带了些薄礼来孝敬她老人家呢。”

范张二人久别重逢，更觉得难分难舍，他们白天一起谈论学问，夜晚在一张床上安眠。一天，范式憾慨地说：“我们两人就像古时候的俞伯牙和钟子期一样啊，真是生死之交。”

张劭说：“我们虽不是同年同月同日生，但是将来谁要是先走一步，另一个一定要在他身边为他送葬。”

“那当然是我这做兄长的先死，你可要为我送葬呀。”范式说。

“要是我先走一步了呢？”张劭开玩笑说。

“那不管我在何处，一定会驾着白马素车，身披白练，赶来为你送葬的，你可要等我呀。”

说完，两人都大笑起来。

几天之后，范式辞别张劭一家，回山阳郡去了。这边张劭继续读书种地，奉养老母。不料，没过一年，张劭忽然得了个暴病，不到几天，张劭就已经奄奄一息了。

临终之际，张劭的同乡老友郅君章、殷子征来看望他。他们拉着张劭的手，流泪说道：“元伯（张劭字元伯），你放心去吧，还有什么心事就请对我们讲吧。”

张劭叹了口气说：“我死而无怨，只是等不及我那生死之交的好友来给我送葬了。”

郅、殷二人奇怪地问：“难道我们还不能算是你的生死之交吗？”

“你们对我友情深重，但你们只是我活着时的朋友，而山阳范巨卿却无论我是死是活，都是我的好友啊！”顿了一下，张劭又说：“有件事情，想托你们办一下。请你们务必派人去山阳郡通知范巨卿，请他尽快赶来，不然，我就等不及了。”

郅、殷二人答应了他的请求，派人骑快马到山阳郡报信去了。

再说范式回到山阳郡后，当地的郡守听说了他的名声，就请他做了郡府的功曹（官名），掌管全郡的礼仪、文教事情。官虽不大，公务却很繁杂。范式尽心职守，把事情办得井井有条，郡守对他十分赏识，有心要再提拔他。

这一天，范式在梦中忽然见到了张劭，只见张劭头戴黑色王冠，长长的帽带一直垂到脚下，脚上穿的是一双木鞋，好像一位古代的君王。再看张劭脸上一副焦急的样子，好像在呼喊自己，可就是喊不出声音。范式从梦中惊醒，浑身冷汗。他想，难道贤弟已经做古了吗？这个梦实在不吉利。不行，我要去汝南看看贤弟。

第二天，范式辞别了郡守，郡守再三挽留不住，心中十分惋惜。因为范式这一走，不但提升职务的事吹了，而且连功曹的官职也要丢掉。范式哪里顾得了这许多，他借了匹快马，日夜兼程地向汝南郡赶去。途中正遇上张劭派来向他报信的人。他一听这消息，当时就口吐鲜血晕了过去。醒来之后，范式买了白马素车和奔丧用的物品，亲自驾车飞奔而来。

一路上，人们都看见这辆飞奔的丧车。白色的马，白色的车，车上的人穿着麻衣，身披白练，不断抽打着马儿飞跑。

可是，就在范式赶到的头几天，张劭已经去世了。老母亲记着儿子的嘱咐，一连等了范式三天，后来实在不能再等，只好把丧事办了。到出殡的这天，当地仰慕张劭名声的人都赶来了，送殡的队伍少说也有上千人。说来也怪，那辆载着张劭灵柩的马车走到村口大树下时，车轮突然陷进一个土坑，任凭众人死命往外拉，车也是纹丝不动。张劭的母亲哭倒在灵车上说："儿啊，娘知道你的心愿，可是，山阳都离这里千里之遥，巨卿实在是赶不到啊！"

正在这里，远处一辆白色马车飞奔而来，张母回首一望，说道："这一定是山阳郡范巨卿来了。"

果然，这正是范式的白马素车。车到近前，范式跳下车来，扑到张劭的灵柩上痛哭起来，边哭边说道："贤弟，哥哥来迟一步，让你等急了啊！"

过了一会，范式止住哭声，说道："贤弟，你该去安息了。哥哥送你下葬。”

说着他招呼众人扶住车辕，大家使劲一推。真是怪了，这回灵车一下子就出了土坑，又向墓地移动了。

众人见此场面，又感动又吃惊，都赞叹范张二人真是生死之交，诚信君子，说是由于他们二人的信义感动了上天，才出现了这样的怪事。

后来，范式安葬了张劭，为他守墓三年，才独自离去。

## 朱晖守信义不忘重托

> 轻诺必寡信，多易必多难。
>
> ——老子

朱晖是东汉初年的大臣，河南南阳人。他幼年时就失去了父母，舅父收养了他。年轻时，他从家乡南阳被选拔到京都洛阳上大学。他的好朋友陈揖听说了，为他得到这么好的学习机会感到高兴。当他上路时，陈揖送了一程又一程。

进了大学后，朱晖努力学习，进步很快，得到大家的器重。朱晖在新的环境里又结识了许多新朋友，其中有一位是南阳同乡张堪，已经进修结业，安排在京都供职，还常常回大学来看望他。

一天，张堪把朱晖请到家里，忧心忡忡地对他说：“我近来忽然感到身体不好，万一出了事，请你帮忙照顾我的妻子儿女，好吗?”朱晖说：“谢谢仁兄的信任，我会牢记您的嘱托。但是仁兄年富力强，正是大展鸿图的时候，请不要讲那些不吉利的话!”

朱晖虽然这样安慰张堪，但对他如此郑重的嘱托，还是谨记在心的。

不久，张堪果然大病身亡。朱晖为朋友的逝去，深感悲痛。办完丧事后，朱晖对张堪的妻子说："嫂子，张大哥生前托我照顾您，我在京城没有什么事情干，也没有收入，让我送你回乡吧！"

当朱晖护送张堪的遗属回到南阳时，又得知另一个不幸的消息：好友陈揖也已经病故了。他赶紧来到陈揖家，只见陈揖的寡妻怀里抱着出生不久的婴儿，泪流满面，说："夫君病重时，这孩子还未出生。夫君临终，说：'我最遗憾的事是没能和好朋友朱晖再见一面，孩子生下后，就起名叫"友"，表示我对好朋友的怀念吧！'"

朱晖听完，连连作揖说："我明白陈兄对我的嘱托了。朋友之间最要紧的是一个'信'字，孩子以'友'命名，既是对我的思念，又是对我能帮忙培养好孩子的信任！我决不能辜负陈兄重托！"

朱晖决心照顾好张堪、陈揖两家遗属。对张堪家，年年接济50担米，5匹布；对陈揖家，竭力将陈友培养成人。

陈友一年一年地长大了，朱晖就让他和自己的儿子朱骈一起读书，希望两个孩子都能成长为国家的栋梁之材。

朱晖的善行，被南阳太守桓虞知道了。一天，太守来到朱晖家中，称赞说："先生照顾两家亡友遗属，十几年如一日，真难得呀！"朱晖说："我仅仅是履行朋友的嘱托而已。"太守点点头，说："你的儿子朱骈受到良好家风的熏陶，品德一定高尚，现在我的衙门正缺一名青年助理，就让朱骈来吧！"

朱晖一听，非常高兴。他说："谢谢太守的关照！但是比起朱骈来，陈友的才能更全面，我建议您选拔陈友吧！"

太守听了，十分敬佩朱晖，说："先生这话出乎我的意料，但是仔细想来，也符合您信守朋友嘱托的本意，我就遵循您的意思选拔陈友吧。"

从此，朱晖为朋友讲信用，言行一致的佳话就在南阳传开了。

# 信守诺言的鲁肃

以实待人，非惟益人，益己尤人。

——杨简

三国时期，刘备和孙权联合起来攻打曹操。蜀国的军师诸葛亮和东吴的都督周瑜经常在一块儿商量军情。

可是，东吴的都督周瑜心地狭窄，不能容忍诸葛亮比自己高明，认为诸葛亮日后一定是东吴的大祸害，就想设计害死他。

有一天，周瑜请诸葛亮前来议事。他请诸葛亮在10天之内造出10万枝箭，诸葛亮说只需三日。果然，诸葛亮神机妙算，算出三日后必有大雾，不但用“草船借箭”的方法从曹操那里得了箭，还估计出一共得箭多少枝。

诸葛亮轻摇羽扇潇洒地对鲁肃说：“你有所不知啊，我方才静听舱外箭雨之声，心中默数，算来此次曹贼所赠之箭应有125111枝!”

鲁肃听得张口结舌，心中暗想：“这人莫非神仙下凡?”

不一会儿，小卒进来禀报，共得箭125100枝。

鲁肃顿时大惊失色，诸葛亮虽多算了11枝箭，但预算能精确到百位，却也非凡人可以企及的。鲁肃正要恭维一番，却见诸葛亮面色凝重，便不敢出声，想来他是为误差11枝箭而懊恼。

诸葛亮严肃地对小卒说：“你们仔细清点了吗?”

在小卒眼里，诸葛亮就是神仙，见他脸色难看，吓得扑通跪下：“回禀先生，确定细细清点了，不敢有分毫差错。”

鲁肃严厉地对小卒喝道："再去重新清点，检查一下船舷等处有没有查漏之箭。有错漏者军法从事！"

小卒应声下去了。

鲁肃诚恳地对诸葛亮说："12 万多枝箭，先生只漏数了 11 枝，我已经很佩服。偶有一两枝没有戳稳的箭落入水中也是难免的。先生何必这么严格地要求自己呢？"

小卒再次来禀报，经过核实，仍旧只有 125100 枝箭。

诸葛亮看着小卒的背影，长叹一声，坐倒在舱板上，神色很难看，好久没有说话。快到东吴水寨时，诸葛亮像突然想起了什么似的，对着鲁肃深深地鞠了一个大躬。

鲁肃连忙起身还礼，说："先生为什么对我行这么大的礼啊？"

诸葛亮说："我有一事相求，听声数箭一事，请代为保密，不要外传，我感激不尽。"

鲁肃说："先生真是个诚实的人啊！仅数差 11 枝箭，在一般人看来已经是神仙一样高明了，您却为这件事感到惭愧，鲁肃佩服先生的为人，替先生保密就是。"

鲁肃果然是诚信君子，听声数箭的事从未对任何人讲过。因此，历史上只有"草船借箭"而没有"听声数箭"的记录。

## 曹操守信归关羽

> 对人以诚信，人不欺我；对事以诚信，事无不成。
>
> ——冯玉祥

刘备、关羽、张飞三人在桃园结义之后，情同手足。他们投靠袁绍，与曹操作对。在一次战斗中，刘、关、张三兄弟被打散了，关羽保护着刘备的两位夫人被曹操的军队包围在一个小山头上。他几次想冲出包围，但都被乱箭射回。

后来，关羽考虑到带着两位嫂嫂，不能辜负了刘备对他的信赖，迫于无奈投降了曹操。曹操非常喜欢关羽的为人和武艺，就满足了他提出的三个要求：一、只降汉朝，不降曹操；二、要按照刘备的俸禄标准来供养他的家眷；三、一旦知道刘备的下落，关羽就要去找刘备。

于是，曹操想尽办法厚待关羽，希望关羽能够顺从自己而不再去找刘备。

曹操领着关羽去见汉献帝，献帝封关羽为偏将军。

然后，曹操又大摆筵席，请出文臣武将与关羽相见，并请关羽坐在上宾的位置。宴后，曹操叫人捧出许多绫罗绸缎、珍贵器皿送给关羽。过了几天，曹操又挑选了 10 个美女送给关羽。关羽也不好推辞，就把美女连同绫罗绸缎、珍贵器皿全部给了两位嫂嫂。

一天，曹操见关羽平时穿的一件绿锦袍已经旧了，就特地叫人照着他的身材做了一件新锦袍送给关羽。

曹操见关羽的坐骑很瘦弱，就吩咐手下的人去马厩牵来了吕布骑过的赤兔马，让关羽牵走。

就这样，曹操对关羽是多方关照，厚礼相待，一心指望关羽能被他感化，归顺于他。可是关羽却将兄弟义气看得比什么都重要。

不久，关羽得知了刘备还在河北的确切消息，便向曹操辞行。可曹操躲着不见他，故意在门口挂了个不见客的牌子。关羽没有办法，只好将曹操送给他的财物、美女统统留下，写了一封辞别的信叫人送给了曹操。收拾停当，关羽请两位嫂嫂上车，自己骑着赤兔马，只带着旧时人员出了门。

曹操得到关羽已经动身的消息，心中十分焦急，大将蔡阳请令：“请丞相给我三千人马，我去把关羽擒来，献给丞相！”

曹操却制止说：“不必追赶！关羽这人来去明白，胸怀坦荡，真是大丈夫！大家都应该向他学习！”

又有人提出："关羽是一员虎将，如果投了袁绍，后患无穷，还是追上去把他杀了的好。"

曹操说："以前我答应过他，怎么能失信呢？不如索性做个人情，送他一笔路费，让他知道我曹操是说话算话的。"

于是，曹操带了几十个人追赶关羽，给关羽送上一盘黄金，但关羽不肯接受。曹操就送给关羽一件锦袍。关羽不敢下马来接，只用青龙刀尖挑起战袍披在身上，拱手道谢，然后匆匆离去。

此刻一员大将气乎乎地对曹操说："关羽这个人太无礼了！丞相好心好意送他战袍，他连马都不下，手都不接。何不把他抓回来？"

曹操摆摆手说："他一人一骑，我们这里几十个人，他怎么会不起疑心呢？我是特地前来送行的，怎么能说话不算数呢？不必为难他了。"说完领着众人回城去了。

## 诸葛亮诚信俘孟获

一政之举，一令之施，合乎其德智力者存，违于其德智力者废。

——严复

三国时期蜀国的国君刘备死后，许多原来归蜀国的少数民族部落都发动了叛乱。公元225年初春，诸葛亮率领大军去南方平息叛乱。

到了南方，诸葛亮打听到孟获不但打仗勇猛，而且在南方中部地区各族中很有威望，于是就下了一道命令：只许活捉孟获，不能伤害他。

诸葛亮善用计谋。蜀军和孟获的军队交锋的时候，蜀军故意败退下来。

孟获仗着人多，一股劲儿追了过去，很快就中了蜀兵的埋伏。孟获的军队被打得四处逃散，孟获本人被活捉了。

孟获被押到蜀军军营，心想，这回一定没有活路了。没想到进了军营，诸葛亮立刻叫人给他松了绑，好言好语劝他归降。但是孟获不服气，说："我自己不小心，中了你的计，怎么能叫人心服？"

诸葛亮也不勉强，陪他骑马在军营外兜了一圈，让他看看蜀军的营垒和阵容。然后问他："您看我们的人马怎么样？"

孟获傲慢地说："以前我没弄清楚你们的虚实，所以败了。今天承蒙您给我看了你们的阵势，我看也不过如此。像这样的阵势，我们要打赢你们也不难。"

诸葛亮爽朗地笑了起来，说："既然这样，咱们来个约定：如果我能抓到你七次，你就归顺蜀国，怎么样？"

孟获不以为然地答应了。

孟获被释放以后，回到自己的部落，重整旗鼓，又一次进攻蜀军。但是，他是一个有勇无谋的人，哪里是诸葛亮的对手，第二次又被活捉了。诸葛亮二话没说，又把他释放了。

像这样又放又捉，一共把孟获捉了七次。

到了孟获第七次被捉的时候，诸葛亮还要再放。孟获却不愿意走了，他流着眼泪说："丞相七擒孟获，信守诺言，说到做到，待我可以说是仁至义尽了。我打心底里佩服，哪里能不遵守当初的约定呢？从今以后，我不再反叛了。"

孟获回去后，说服了其他部落全部投降，重新归顺蜀国。

# 陶侃不违母亲遗训

欺人只能一时，而诚信才是长久之策。

——约翰·雷

东晋时，有一位大将军叫陶侃，做过荆州刺史。有一回，他宴请武昌名士殷浩、庾翼等人，吟诗作赋，讲谈学问，非常高兴。

大家喝过两杯酒后，殷浩举杯说："将军，您最近平定了郭默的叛乱，立下了大功，请让我敬您一杯！"陶侃想了一想，痛快地说："谢谢，喝！"说着，便一饮而尽。接着，庾翼也举起杯来，说："将军，若论战功，您上次平定苏峻的叛乱，功劳更大，请让我也敬您一杯！"苏峻本来也是东晋的一位将军，因为不满晋成帝的顾命大臣庾亮削弱他的兵权，就带兵造反攻下了朝廷所在的建康"台城"，将年纪尚幼的皇帝挟持到军事重地石头城。陶侃指挥六万大军，从武昌城浩浩荡荡沿江而下，包围了石头城，擒杀了苏峻，解救了晋成帝。按说，当庾翼祝酒时，陶侃应该高高兴兴地饮下这杯酒才是，不料陶侃却抱拳作揖，说："先生，对不起了，我今天饮酒已经足量了！"

殷浩附和说："将军，今天大家高兴，您应开怀畅饮！看得出您有海量啊。"

想不到这时，陶侃却泪流满面，哽咽着说："不瞒二位先生，家母生前，曾向我规定过：每次饮酒，三杯为限。今天杯额已足，我不能违背先母的禁约！"接着，他回忆了青年时代的一段往事。

陶侃的父亲陶丹本是三国时孙吴的名将，但很早就死了。陶侃小时全靠母亲纺纱织布培养长大，后来当上浔阳县城一名小小的“鱼梁吏”。母亲对他要求很严，有一回，他托人捎几条成鱼回家，想让老人家高兴高兴。不料陶母原封不动地退了回来，还附了一封口气严厉的信，说：“你才当上了个小官，就拿公家的东西回家，真叫我愁死了！”另一回，浔阳县里举行宴会，陶侃喝得酩酊大醉。酒醒后，母亲一边垂泪，一边责备他说：“饮酒无度，怎能指望你刻苦自励为国家建功立业呢？”陶侃羞愧难当，母亲要求他保证：从此严于律己，饮酒不过三杯。

陶侃讲完往事，接着说：“苏峻、郭默之乱虽然已经平定。但是国家尚未统一，北方还被羯族人石勒占据，西边的巴蜀则有氐族人李雄割据。男儿报效国家的路还长，我怎能违背先母遗训呢！”

殷浩、庾翼听完，肃然起敬，说：“将军，虽然老夫人仙逝多年了，而您信守遗训，不减当初，这种美德一定会同功业一起，永留青史！”

## 清官、义士双守约

> 口言之，身必行之。
>
> ——墨子

包拯，人称“包青天”，是北宋时著名的清官。他在出任开封知府期间，为官清廉，执法严明，权贵恶霸怕他，平民百姓却把他当作能为自己伸冤雪恨的“青天大老爷”。

据说，包拯刚到开封府时，有一阵子，开封城外老是出怪事。连续有几个恶霸被人杀死，而且都是在睡梦中被勒杀的，家里人连声音都没听见。从作案手段来看，这些案子都是一个人干的。当地的地方官出了很高的悬赏来捉拿这个杀人者，并且派出精干的差役暗中查访，结果连一点影子也没找到。这件事很快就在开封一带传遍了，老百姓们拍手称快，都管这个杀人者叫“无名大侠”。地方官们查不出结果，只好把案情报告给包拯。

包拯把案情反复研究了一番，又到现场做了勘察。他发现这些死掉的恶霸在被杀之前，都刚刚做过一件伤天害理的坏事。其中，最后一个被杀的恶霸还曾扬言说，他决不害怕受到惩罚，结果当天晚上就被勒死在被窝里。

包拯心里有了主意。他一面不动声色地继续派人四处调查杀人案，一面暗中注意那些恶霸们的动静。不久，有人悄悄来报告说，开封城里的一个恶霸抢了个民女，还把姑娘的父亲打得重伤致死。这个恶霸仗着有亲戚在朝廷里做大官，一向就为非做歹，无法无天，连执法如山的包拯，他都不放在眼里。包拯早就想找个机会杀杀他的威风。

可是，这一次包拯没有急于动手。他先派人在这个恶霸的门上贴了张告示，警告他尽快把民女交还，并且到官府去认罪，否则就要他的命。落款写的是“无名大侠”。恶霸仗着自己有成群的打手和凶奴，拒不交还民女。还扬言说要等“无名大侠”自己来送死，包拯一看他中了计，就派人把恶霸的狂言传播出去。然后，他带了几个心腹的手下人埋伏在这个恶霸家的周围。一连等了好几夜，终于把那位“无名大侠”等来了。“无名大侠”也马上就发现了包拯他们，他在前面飞跑，包拯等人在后面追，一直追到城外的树林里。无名大侠站住身，抽出剑来，对包拯说：“难道包大人一定要阻拦我除暴安良吗？”

包拯答道：“义士的所做所为都是为民除害的好事，但是我包拯身为开封知府，总要把事情调查个水落石出才算尽职。请义士把事情的前后经过讲给我听。”

无名大侠见包拯没有恶意，就把那几个恶霸的罪行和除掉他们的经过叙述了一遍。然后，他请包拯让开路，让他再去杀了那个强抢民女的恶霸。

包拯拦住他说：“铲除恶霸，为百姓伸冤，这是我的职责，如果义士信得过我，这件事就请交给我来办。如果我说了不做，到时候，义士不仅可以杀那恶霸，就是我，也任凭你来处置！”

无名大侠想了想说：“好吧，一言为定。如果包大人不讲信用，欺骗了小民，可别怪我对大人无礼！”

包拯笑着说：“今后我若有哪件事做得对不起百姓，义士随时可以来取我的人头。不过，我也有一件事要义士答应，日后再有恶霸害人的事情，请义士不要擅自杀人，我自会以国法治他的罪。”

无名大侠也爽快地答道：“只要大人能够秉公执法，我决不再杀人。若有违背，我会以一死来向大人谢罪！”

两人击掌为誓，各自离开。后来，包拯果然把那个恶霸逮到公堂审问，恶霸在朝廷里做官的亲戚们再三来求情和威胁，也没有吓倒包拯，最终将恶霸定了死罪。这以后，包拯铁面无私地处置了许多豪强恶霸。每当他遇到困难时，总是想起那次和无名大侠所定的誓约，提醒自己不能辜负义士的期望。那位无名侠客也没有违背前约，从此销声匿迹，没有再杀过人。

三年后的一天早晨，包拯刚刚起来，就见有一封书信用短刀插在自己的书桌上。他急忙展开一看，信中的大意是：“包大人，我守约三年，未杀一人。昨日偶遇一伙歹人拦路劫杀良民，而且不听劝阻。我一时激愤，杀死四个歹人，留下一个活口，绑在大人房后树上。我已违反前约，只好以死向大人谢罪。请大人明日到城外城隍庙中查验我的尸首。”

刚刚读完，就连连来人报告：房后树上捆着一个被打断双腿的人；离城 20 千米的官道上发现四具尸体。包拯吩咐手下人分头审人、验尸，自己骑了匹快马赶到城外的城隍庙，果然看到无名大侠已吊死在房梁上。

包拯深受感动，他对跟来的手下人感叹道：“这真是位古来少有的大义士啊！自己身怀绝技，替天行道，以除暴安良为己任；而且诚实地对待自己许过的诺言，言必行，行必果，视生死如鸿毛，守大义如泰山，真可谓惊天地，泣鬼神！可惜他却命归黄泉了。

以后，包拯更是时常以这位无名侠客的高尚情操激励自己，一生严明执法，为民除害，从没忘记自己发过的誓言。

# 言而有信的梁颢

内不欺己，外不欺人。

——弘一大师

梁颢是宋朝人，他的父母早逝，由叔父收养。梁颢后来在科举考试中表现出色，被选为状元。

梁颢从小就喜好读书，可是他叔父的家境贫寒，买不起书。梁颢只好借别人的书，连夜抄出来，然后再仔细钻研。他不但对借来的书倍加爱护，而且向来是说什么时候还就什么时候还，很守信用。

一个冬天的晚上，梁颢又在抄书，不但灯光微弱，屋子里还冷得出奇。这样他抄了一会儿，就冻得手脚僵硬，眼睛也累得发酸。于是，他不得不停下笔，活动活动手脚，放松一下眼睛，然后再抄。可是，当他再一次提起笔写字的时候，毛笔已有些僵硬了，他没有在意，又在砚台里蘸了一下，继续写字，但是只留下了淡淡的墨迹。梁颢仔细观察才发现，毛笔上的墨已经有些冻结了，砚台里的墨汁也已经结了冰。他赶紧把砚台举到灯火上面，看着砚台里的冰慢慢地融化为冰花，随即又消失，然后赶快提起笔蘸着墨继续抄书。

他的叔父睡了一觉醒来，发现梁颢屋里的灯还亮着，于是就披衣起床，推门走到梁颢旁边，心疼地说：“颢儿，今天白天你从早到晚抄了一整天，现在又抄到了大半夜，天又这么冷，这样会搞坏身体的。快收拾一下睡觉去吧，明天再抄也不迟。”

梁颢说：“这可不行，我已经答应人家，明天就把书还回去了。要是今晚抄不完，明天还了书，我就没什么可读的了。”

叔父笑笑说：“傻孩子，他们家里有好多书，不等着用这一本，你跟他们说明情况，晚还一天也没什么要紧的。”

小小的梁颢一脸严肃地说：“做人要讲信用，我怎么能因为这点小困难就失信呢。我答应明天还，明天就一定要还。”

说完，就又低下头继续抄书。第二天，梁颢按时把书送还了主人，主人惊讶地说：“我以为你说两天是指几天的意思呢，没想到你这么快就读完了。”

梁颢说：“我还没有仔细读，只是连夜把它抄写了一遍。”

那人一听，惊得目瞪口呆，说：“你真是个诚实守信的好孩子，将来一定会大有作为的，我这里还有很多书，你要借哪一本都可以，什么时候还都行。”

梁颢急忙向他道谢，后来就经常去借书，而且总是按时归还，从没失信过。

## 宋濂借书不误期

一丝一毫关乎节操，一件小事、一次不经意的失信，可能会毁了我们一生的名誉。

——林达生

宋濂，字景濂，号潜溪，浦江（今浙江义乌县西北）人，他是我国元末明初著名的学者。他学识渊博，为人处事也非常讲信用。

宋濂从小时候起，就非常喜欢读书学习，钻研学问。但是他家里很贫穷，上不起学，连书都买不起，只好向有书的人借书读。当地郑义门的藏书非常丰富，他也很关心宋濂的学习，常常把书借给他读。宋濂学习十分刻苦，在学习条件相当困难的情况下，还是阅读了大量书籍。当他遇到好书的时候，爱不释手，可是书是借别人的，不能不还，于是他就夜以继日地把书抄写下来。冬天，有时天气很冷，外面滴水成冰，室内也非常冷，连砚台都结了冰，手指也冻得几乎拿不住笔了，但是他仍然坚持加紧抄书，抄完之后，及时把书还回去，从来没有耽误过还书的日期。就因为他诚实守信用，不少人都信得过他，才肯把书借给他读。

到了成年，当地能读到的书，宋濂都读遍了。可是他求学的愿望更加迫切了，他就常常到百里以外的地方去寻师求学。有时还要背着行李，赶不回去，就随便找个地方住下来，忍饥挨冻也不灰心。有一次他和一位名师约定上门求学，正好碰上下大雪的天气。上路之后，雪越下越大，路上的积雪几尺深，但他为了不失约，顾不得冻坏双脚，还是步行赶去了。到了客栈时，四肢都冻僵了。好心的店主人很受感动，给他热水喝，盖上被子，才渐渐暖和过来。

宋濂求教的老先生，都是很有名望的学者。只要有机会，他一次也不放过求学的时机。他在外地学习，有时寄居在客店里，生活很艰苦，为了节省开支费用，一天只吃两顿饭，衣服穿得补了又补，很破旧。但他以求知为快乐，别的什么都不在意。就这样，他数十年如一日地刻苦求学，终于取得了成就。

# 状元楼的故事

> 没有诚信，何来尊严？
>
> ——西塞罗

明朝嘉靖年间，有人在江苏清河县（今淮阴县）衙门口建了一座“状元楼”。这是为当地一位状元修建的，这位状元叫丁士美。这其中有一个故事。

明朝嘉靖三十八年即公元1559年，清河县的丁士美到京城赶考。途中，一位姓刘的举人见丁士美衣着寒酸，就十分看不起他，当着丁士美的面说：“瞧你那穷酸样，癞蛤蟆想吃天鹅肉，你要是能中进士，我刘举人就从你跨下钻过去。”

丁士美知道那个姓刘的举人是个狂妄的人，不愿意和他费口舌，只是笑了笑。刘举人见他不说话，还以为他胆小，不敢还嘴，于是就更加放肆地嘲弄他。丁士美这个人涵养很好，也不生气，只是笑笑。

丁士美从小家境贫寒，十年寒窗苦读，已经是个才华横溢的书生了。只是他性格内向，不喜欢当众表现自己，大家都不怎么了解他，以为他只是一个懦弱的穷书生。

可是丁士美对自己很有信心，他胸有成竹地参加了当年的科举考试。在三月初的殿试时，丁士美的文章被选为“十佳”文章之一，这十篇文章被送到皇上那里去审阅。皇上看了这十篇文章，觉得都很不错，很难定论，于是就决定把这十个人召到金殿上，进行口试。丁士美声音浑厚，口才出众，当着皇上和文武百官司的面滔滔不绝地讲他的治国良策。皇上听了，龙颜大悦，当时就把丁士美定为头名状元。

再说那姓刘的举人，虽然在那一年也考中了进士，可是他看见丁士美中了状元，想起当初自己狂妄的举动，既羞愧又害怕。羞的是当时的狂傲，怕的是丁士美伺机报复。于是他请同窗好友作陪，找丁士美赔礼道歉。丁士美很客气地接待了他，而且一点儿也没有记恨他的意思，那个姓刘的进士放心地回去了，为此他十分敬佩丁士美状元的为人，于是他决定履行当初的诺言。

不久，这位姓刘的进士被派到清河县任知县。上任后，他立即让人在衙门口修了一座“状元楼”，意思是：状元住在上面，我出入衙门都要从状元身下经过。这既算是履行了当初的诺言，同时也告诉后人：做人要谦虚，比自己才能高的人有很多，不要无端地取笑别人。

## 毕沅不考功名不回家

> 诚者，天之道也；思诚者，人之道也。
>
> ——孟子

毕沅，字秋帆，自号“灵岩山人”，清朝江苏镇洋（今江苏太仓）人。乾隆进士，官至湖广总都。

毕沅的父亲毕升，进士出身，曾任工部主事，为人坦荡，诚实正直，人们叫他“毕直肠”。由于他过于直率，得罪了皇帝，后来被降职到四川内江县当县令。

毕升在任期间，爱民如子，经常降低赋税，受到老百姓的一致好评。

谁料毕升因为过度劳累，竟然病故身亡。临死的时候，他嘱咐家人说：“我虽然没有给你们留下万贯家财，但是家里还有几亩田地，节俭些过日子，还是可以养活家里这几口人的。所以，我死后，不要收百姓、乡绅、衙役送的钱财。毕沅还小，人也比较聪明，应该让他好好读书，为国家出力，教育他做一个忠厚诚实的人。”

毕沅从小就受家风熏陶，父亲的行为他看在眼里，记在心上，他时刻记着父亲的遗言，发愤读书，诚信做人，成为当地有名的书生。

一次，他父亲的同窗好友高士祺来到他家，看望毕沅母子。看到毕家虽然家境贫寒，但是毕沅人品很好，学问也很高，于是就把小女儿许配给了毕沅。

毕沅与高家小女儿结婚以后，两人的感情非常好。但是高家的另外两个女婿都是家财万贯，经常取笑毕沅的贫穷和老实。毕沅面对别人的嘲笑，对妻子说："从今以后，我发愤读书，一定要考个功名回来，不然我就不进这个家。"

妻子以为他在说气话，听了并未介意。没想到，毕沅真的离开了家，在湖畔租了一个小屋，每天在那里专心学习。有一次连降暴雨，他的小屋眼看就要被水给淹了，可是他仍然坐在里面高声读书，竟然不知道外面下雨了，一个打鱼的人看见后高声呼喊，他都没有听到……

就这样，毕沅遵守当初的诺言，经过两年的刻苦学习，终于在乾隆二十五年中了状元。直到那时，他才回到了家里。

## 郑成仙修桥

语言犹如枝叶，行为犹如果实。

——洪都拉斯

清代安徽歙县杨冲村有个叫郑成仙的人，以竹蔑编织畚箕为业，他编的畚箕很好，远近的人都争着来抢购。

郑成仙家附近的路上，有一条河涧，上面木桥已腐烂，经常有行人摔下去。为了安全，人们不得不到很远的地方去绕路而行。看着人们行路的艰难，年轻的郑成仙就对天发誓："我有生之年，靠编畚箕积钱，修建一座石桥。"听到的人都笑他。

从此以后，郑成仙就开始为自己的目标而努力。他更加努力地编畚箕。他积了一些铜钱就换成银子，藏在小瓦瓶里，埋在瓦锅下面。妻子和儿子都不知道。有好几次，偶然泄露，被人偷了，他就再积累。家里粗菜淡饭，经常用野菜充饥。他手艺很好，生意也很好，可是日子却过得如此贫穷，乡邻都很奇怪。

时间过得很快，到康熙六年，郑成仙已经七十多岁了。一天，他召集村里的老人们一起到他家，说："我现在老了，早年的大愿如果不实现，我人没有了，桥也没有了，所以请大家一起来造桥。"说着把储蓄的瓶子全部倒出来。大大小小的银子有四五十两，于是召集工匠，采石造桥。他的老伴和儿子却穿着破衣服，在旁边气死了。早年曾经笑他的人又惊又敬："老人家真得这样做。""真是一个言行一致的人！"

于是全村人踊跃助工，一个月时间，把大石桥造好了，小路变成了平坦大道。

## 梁启超信守诺言

> 心口如一，犹不失为光明磊落丈夫之行也。
>
> ——梁启超

梁启超，字卓如，号任公，又号饮冰室主人，是近代资产阶级改良主义者，著名学者。

1884年，12岁的梁启超第二次离开自己的家乡——熊子乡，坐船前往广州参加学院考试。到广州后，他租了一间公寓，认真读书、学习。考试时，他对答如流，中了秀才。主考官是广东学政叶大绰。他看到学子们的成绩很好，心中十分高兴，特地接见了被录取的学子。被接见后，学子们一个个都走了，只剩下年少的梁启超没有动。叶大绰感到奇怪，问他为什么不走。梁启超很有礼貌地说："叶大人，学生有件事恳求您帮忙。"

小小的学子，竟敢在三品大员学政面前提出要求，叶大绰先是吃了一惊，然后笑着说："你有什么请求，请说来听听。"他态度和蔼、可亲。梁启超听后，十分激动，说："学生临来考试时，对祖父许下了诺言。如果我这次考试被录取，就请求主考大人给祖父写一幅诞辰寿言。""你为什么想到这样做呢?"主考官想弄清梁启超的想法。梁启超深情地说："我的祖父虽然一生没有中举，但他用毕生的精力辛勤地培养我。我今天能够考上，全亏祖父培育之恩。今年，祖父刚好70大寿，作为孙子，我应该感谢他，最好的礼物就是写一条寿言，既肯定他的一生，又表扬他的精神。我想来想去，觉得只有学政大人写的寿言才能满足这两个意思。如果您能写一赠言给他，这是最大的安慰和礼物。因此，我冒昧地求大人帮忙。"

叶大绰听了梁启超的话，觉得他是个诚实的孩子，说的是真心话。他被梁启超的忠诚感动了，于是欣然接受了梁启超的请求，挥笔为梁老先生写了寿言。

梁启超回到家乡，他的父母都很高兴，祖父接过寿言，笑得合不拢嘴。

父亲问梁启超是怎么想起让学政大人写寿言的。梁启超说："我临走时，祖父问我，这次考试有没有把握。我说，有把握。如果我考中了，就请主考官大人给您写一条寿言。考试后，我被录取了，我要实现我的诺言。于是，我就如实地将我的想法告诉了学政大人。学政大人听了我的话后，真的答应了我的请求!"

祖父说："超儿很诚实，而学政大人喜欢诚实的孩子，于是，学政大人就写下了如此有意义的寿言了，这正是'心诚则灵'嘛!"

## 童第周的两个“第一”

身不正，不足以服；言不诚，不足以动。

——徐祯稷

童第周是我国著名的生物学家。他出生在浙江勤县一个偏僻的山村里。因为家里穷，他一面帮家里做农活，一面跟父亲念点儿书。

童第周慢慢长大了，他的几个哥哥深明大义，将小童第周送入了可供食宿的浙江第四师范学校读书。

童第周的大哥希望童第周努力学习，将来有出息，回家乡帮助哥哥办学。已经开阔眼界的小童第周此时心中已有另一番高远的志向，要进当时省内名望极高的宁波效实中学读书。大哥为小弟有志向感到高兴，又为小弟感到担心。小童第周坚决地告诉哥哥们：“我一定能考上效实中学！”小童第周一丝不苟地进行备考，一家人也全都动员起来，支持他。善良的老母亲经常在半夜时分悄悄起床，隔着窗户静静地注视着儿子房间的烛光……

小童第周终于考取效实中学，成为三年级的插班生，可是他的成绩全班倒数第一。面对成绩单，小童第周流下了伤心的泪水，暗暗发誓：一定要努力学习，争取考第一。

很快，童第周所在的寝室传出了“小童第周不顾学习，经常谈恋爱到深夜”的新闻，引起了关心他的同学和老师的担忧。一天深夜，教数学的级任陈老师办完事情回到学校，发现在昏黄的路灯下有个瘦小的身影在晃动，陈老师想：“深更半夜的，谁还不回寝室就寝呢？”陈老师带着疑问走过去一看，原来是童第周正在借着路灯光演算习题。“这么晚了你怎么还不回寝室休息呢?”“陈老师，我要抓紧时间把功课赶上去，我不要倒数第一名。”陈老师望着童第周瘦小的身躯，关心地劝童第周回去休息，可是走出不远，童第周又站在路灯下捧着书本读了起来。陈老师被深深地感动了，他深深地理解童第周的志气，为自己有这样的学生感到自豪。

第二天，陈老师当着全班同学的面郑重地辟谣：“我明确地告诉大家，童第周是一个勤奋好学的人！凡事不要靠推测下结论，更不要用流言去中伤别人，特别是对于一个勤奋好学的人，更不能这样!”陈老师严肃地说，“我亲眼目睹了童第周熄灯后还在昏暗的路灯下，专心致志地演算习题。他太辛苦，太勤奋了！他值得全体同学学习!”陈老师最后提高了嗓门，“不错，童第周曾经是全班成绩最差的，但一个人的成绩不能仅仅用一次考试分数来判定。衡量一个人的知识和能力，最终要看他如何走自己的奋斗之路!”

期末考试到了，童第周又成了全校关注的对象。他终于靠自己刻苦的努力，使各科平均成绩都达到了 70 分，其中几何得了满分，引起了全校的轰动。

在自己的努力和老师的关心下，到高三期末考试，他的总成绩名列全班第一。校长陈夏常无限感慨地说：“我当了多年校长，从来没有看到过进步这么快的学生!”

后来童第周回忆自己童年的时候感慨地说：“在效实的两个‘第一’，对我一生有很大影响。那件事使我知道自己并不比别人笨，别人能做到的，我经过努力也一定能做到。世上没有天才，天才是用劳动换来的。”

1924 年 7 月，童第周在哥哥的支持下，考入复旦大学，从此，他开始了追求科学，献身事业的漫漫求索之路……

# “我一定要等她！”

不宝金玉，而忠信以为宝。

——《礼记》

宋庆龄，1893年生于上海，1915年与孙中山结婚，跟随孙中山踏上捍卫共和制度的艰苦斗争历程。1949年当选为中央人民政府副主席，并一直担任全国妇联名誉主席和中国人民保卫儿童全国委员会主席职务。1950年被选为世界和平理事会理事。1954年9月当选为全国人大常务委员会副委员长。1959年4月当选为国家副主席。1981年被授予国家名誉主席荣誉称号。1981年5月29日病逝于北京。

宋庆龄从小就是一个很守信用的人。一个星期六的下午，宋庆龄在家里教同学小珍折纸。临走时宋庆龄折了一只花篮送给小珍，小珍高兴地说：“哎呀！这花篮真漂亮！明天上午我来向你学，好吗？”宋庆龄点点头说：“好，我一定在家里等你。”

星期天一早，爸爸对宋庆龄说：“今天上午，我们全家都到李伯伯家去作客，你高兴吗？”宋庆龄笑着说：“好，好，太高兴了！”可吃早饭的时候，宋庆龄忽然想起了昨天答应小珍的事，她对爸爸说：“哎呀，差点忘啦！我和小珍昨天就约好了，等会儿她要来学折花篮呢！我不能到李伯伯家去了。”

爸爸说：“好长时间没到李伯伯家去了，你不是早就想去吗？还是去吧，教小珍折花篮什么时候都可以。明天见到小珍，向她说明一下不就可以了么？”

宋庆龄想了想说："爸爸，还是你们去吧，我不能不守信用，我一定要等她！"

早饭后，爸爸妈妈他们都走了。宋庆龄一个人在家里，准备了许多的小方块纸等小珍，可是一直等到10点钟敲过，小珍还是没来。宋庆龄还是耐心地在家里等。挂钟又敲了两次，都12点了，小珍依然没有来。正在她失望的时候，家里的大门开了，宋庆龄高兴地迎了出去，可进来的却是爸爸妈妈他们。

爸爸见状，问道："你的朋友来了吗？"

宋庆龄轻声回答道："她没有来。"

爸爸惋惜地说："早知道这样，到李伯伯家去多好呀。"

宋庆龄说："我虽然没有等到小珍，但我做到了妈妈常说的一句话——做一个讲信用的人。"

## 傅震实践诺言

> 当一个人受到公众的信任时，他就应当把自己看作为公众的财产。
>
> ——杰弗逊

傅震是1989年学成回国的优秀留学生。他自从选择了医生职业，就暗暗立下了要以自己的医术为病人解除痛苦的诺言。

他1968年毕业于苏州医学院，1978年作为"文革"后第一批研究生，到南京医学院学习脑外科专业。毕业后，在南京医学院第一附属医院、江苏省人民医院脑外科工作。

1988年，傅震通过严格考试，以优异成绩被国家教委录取后派往德国杜塞尔多夫大学医学院进修深造的。杜塞尔多夫背靠原始森林，莱茵河绕城而过，风景优美，气候宜人。可傅震无暇游览这异国的美丽山水和旖旎风光。每到周末，人们都是游玩娱乐，只有他一人在灯下苦读。

1988年4月上旬的一天，在学院附属医院脑外科，西德神经科协会主席、世界著名的神经外科专家博克教授，指着一个患“转移性脑肿瘤”病人的脑袋，问中国进修医生傅震：“肿瘤位置在哪？请你标出手术区。”傅震根据CT片和临床经验，胸有成竹地回答：“右额部前方，离脑表面三厘米。”同时在患者头部标出了手术区。转移性脑肿瘤只有指甲般大小，要确定具体位置和深度是很困难的。“不，在右额后方！”博克以不容置疑的权威口气加以否定。“右额前方！”“不对，肯定在后方！”互不相让的大声争执吸引了许多医生、护士。一个刚来一个多月的中国进修生，竟敢和德国脑外科权威争辩，而且那么自信，人们要看看，究竟谁的判断正确。博克教授叫护士长取来“扇形超声波”。几次来回扫描，清楚地显示出傅震标出的位置十分准确。博克满意地笑了，医生、护士们流露出惊讶、钦佩的神色。实际上，这是博克有意考一考傅震。手术一结束，博克教授立即向德国卫生部和州政府报告，为傅震申请“行医执照书”。这在德国是颇不容易的事。一个月后，他又被德国医学会接纳为正式会员。

次年初，博克教授主动对傅震说：“傅，你的签证二月份就到期了。留下来吧，每个月奖学金五千马克。”博克打心眼里喜欢这个中国进修生。教授的助手也多次试探地询问傅震，是否打算将妻子接到西德来。傅震谦虚刻苦又不迷信盲从的诚实可信的品格，给博克和其他医生、护士留下了深刻印象。

博克教授劝他留下后的几天，他便收到西德医学会寄来的信件和表格，提醒他签证即将到期，只要在表格上签上自己的姓名，即可办理延期手续。紧接着，杜塞尔多夫大学人事部又给他一张延长签证的通知。博克教授和其他朋友再三提醒他，千万别错过机会。其实傅震何尝不知道，留下来工作条件、生活待遇要比国内优厚得多，只要延长一年，自己行医，就可挣十多万元。何况这又是政策允许的。可他还是拿定主意，将按期回国的打算如实告诉了博克教授。博克非常吃惊，没想到他这么快就决定了去向。爱才的博克感到惋惜，但更多的是对他的敬重。到傅震回国这天，博克教授开车将傅震一直送到150千米外的法兰克福机场。

傅震回国不久，国内发生了严重的政治风波。7月初，博克来信说：1994年5月将在西德召开世界神经外科会议，他可利用这个机会再去德国。可是他清楚地知道，国外每1万人就有1名脑外科医生，而11亿人口的中国，仅有4000名左右。当初自己毅然按时回国，就是为了履行自己的诺言，报效祖国，怎能在她遇到困难的时候远走高飞呢？

从德国进修回来，他如虎添翼，把许多脑患者从死亡边缘挽救过来。归国后一年里，他做了50多例脑动静脉畸形、颅内动脉瘤等难度大的手术，成功率为100%。1990年3月，晋升为副教授、副主任医师。1991年1月，傅震在人民大会堂主席台前，从江泽民总书记手中接过了“全国有突出贡献的回国人员”奖状和证书。在傅震的心目中，他想到：重要的不是荣誉，而是奉献，而是实现了自己的诺言。

## 朱自清不受嗟来之食

> 一言而适，可能却敌；一言而得，可以保国。
>
> ——刘向

1947年的北平，动荡不安，这是国民党统治最黑暗、最残酷的时期，到处是凶狂的匪兵，到处是恶毒的爪牙。人民被蹂躏、被逮捕、被杀害，物价猛涨，饥饿的人群四处可见。忍无可忍的人民群众奋起反抗，掀起了波涛汹涌的“反饥饿、反内战”的革命斗争。

鉴于朱自清教授的学识和声望，国民党当局就用高官厚禄拉拢他，但他不屑一顾，把原名“自华”改为“自清”，勉励自己富贵不能淫、贫贱不能移。他认为知识分子的道路有两条：一条是向上爬，成为骑在人民头上的统治者的帮凶、走狗；一条是向下去，为人民服务。中间道路是没有的。

此时的美国，既扶植日本，又收买中国民心，装出一副慈善的样子。他们运到中国一些面粉，让国民党政府给老百姓发“配购证”，拿这种证就可以买平价的美国面粉。美国的这个阴谋，确实蒙蔽许多人。

1948 年 6 月 17 日，北京清华大学的几位爱国教授在一起开了个会，决定发起抗议，指出美国所谓“平价面粉”是对中国人民的极大诬蔑和侮辱；为了表示中国人的尊严和傲骨，声明断然拒绝美国的施舍，拒买美国面粉。

几位教授写好了这份声明，想到应该找一位知名人士签名，那样影响才大。找谁呢？大家不约而同地想到了朱自清。

6 月 18 日，吴晗把一份声明送到朱自清面前。当卧病在床的朱自清接过这份《抗议美国扶日政策并拒绝领取美援面粉宣言》时，他毫无犹豫地签了名。“为表示中国人民的尊严和气节，我们断然拒绝美国具有购买灵魂性质的一切施舍物资，无论是购买和给予的。下列同仁同意拒绝购买美援平价面粉，一致退还配给证，特此声明。”

朱自清认为这是一件大事，自己决不应逃避个人责任。他清楚：这一举动，会给他本来就不好的身体和很艰苦的生活带来多么大的影响。他在日记中写道：“此事每月须损失六百万法币，影响家中甚大，但余仍决定签名。”从此，朱自清先生的身体一天比一天虚弱了。1948 年 8 月 4 日的清晨，他胃部剧烈疼痛，大口呕吐，脸色苍白。妻子借钱把他送进医院，做了手术。8 天以后，他的病情恶化。他对守护在身边的妻子断断续续地说：“有件事，要记……住，我……是在拒买‘美援’面粉声明上，签……过名字的……”

妻子说：“我知道。”

朱先生又吃力地说下去：“美援……面粉，是……用来……收买……中国人灵……魂的，决……不能买！”

妻子泪流满面地说："你放心吧，我们决不去买。"

朱先生已经没有力气了，他的声音低得很难听清了："不管……家里……有多大困难……也不能买……"

第二天，朱自清与世长辞了。

## 齐白石以画换白菜

以诚感人者，人亦诚而应。

——程颐

齐白石是中国著名的国画家。他一生不仅作画一丝不苟，而且品德十分高尚。他虽说是一位蜚声国内外画坛的一代国画大师。但在日常生活中，无论与名人还是普普通通的平民百姓交往，都始终遵循诚实守信的道德准则。这里要讲的是齐白石老人与一位卖白菜小伙子的故事。

一天早晨，齐老提着篮子上街买菜。走到市场上，看到一个年轻小伙子卖的白菜又大又鲜，水灵灵的，挺逗人喜爱。旁边围着一些买菜的人，齐老也挤进去，拣了一棵大白菜，说："小伙子，白菜一斤多少钱？"

小伙子正要回答，一抬头看见在他面前的是一个精神矍铄，长着白胡子，高个子的老人，顿时眼睛一亮，这不是著名画家齐白石老人吗？他是自己敬慕的老师呀！原来，小伙子是个高中生，喜欢画画，尤其喜欢画国画，他最喜欢齐白石老人的国画了。于是，他脑子一转，想出一个主意，提出要用画换白菜，用钱买不卖。

齐老明白这小伙子是认出自己来了，为了不使小伙子失望，齐老欣然答应了他的请求，并说快拿纸笔来。小伙子一看齐老这样平易近人，讲究信用，不摆个人架子，就高兴地跑到附近酒店借来了笔墨、桌子，请齐老给画一棵白菜就行，还说用他的一车菜换这张画。

小伙子把纸铺开，认认真真地磨墨。齐老拿起笔，觉得质量差些，用这支笔作画只能勉强对付着用。为了不失信于人，齐老就用这支笔在纸上一勾一撇，不到一分钟工夫，一棵白菜就画好了。小伙子也果断地将一车菜送给了齐老。齐老笑着说："这么多的菜，我怎么拿得动呢？"

小伙子想，可也是啊，怎么办呢？"哎，这样吧，你老在画上再添上一只大蚱蜢，我连车都送换给您。"齐老拿起笔，又在画上添了一只大蚱蜢。

小伙子望着画，收拾了一下，拉起车就要往齐老家送菜。齐老拦住他，从车上拿了一棵白菜放在篮子里，说："小伙子，这白菜一棵换一棵，其他的你还是留着卖钱吧！"

小伙子说什么也不同意，两个人争执不下。忽然，小伙子放下车，对周围买菜的人说："请大家帮帮忙，今天老人家请客。"说着，抱起白菜便向别人篮子里放。不一会儿，一车白菜所剩无几了，小伙子笑着对齐老说："老人家，白菜不多了，咱们走吧！"齐白石望着小伙子忠诚厚实的面容，只好带着他向自家走去。

这一老一少，一个守信，一个诚实，以后竟成了好朋友。

## 工作诚信的富兰克林

> 要留心，即使当你独自一人时，也不要说坏话或做坏事，而要学得在你自己面前比在别人面前更知耻。
>
> —— 德谟克利特

富兰克林是18世纪的美国人，是著名的科学家，同时还是一个著名的社会活动家。他曾经参与起草了美国的《独立宣言》，为美国的独立自由作出了巨大贡献。

他出身在一个世代打铁的工匠家庭，由于家里孩子多，父母很难靠打铁来维持家里的生活。12 岁的小富兰克林看到父母整天为了生计发愁，就想为家里做些什么。父亲这时除了打铁之外还做蜡烛。

后来他的哥哥在城里办了一家报纸，富兰克林到他哥哥那里当学徒，在印刷所里学习排版。他哥哥对他非常刻薄，经常因为一点小事就责骂他，有时候还毒打他，这使富兰克林不堪忍受，不久就离开了那里，到别的印刷所找工作。但是他哥哥非常坏，告诉城里所有印刷厂的老板都不要聘请富兰克林。

富兰克林不得不到别的城市寻找工作。他流落到费城，有一个叫凯谋的人让富兰克林帮他管理他开的印刷铺子，许诺可以给他很高的薪金。富兰克林暂时找不到别的工作，就答应了。当时富兰克林已经是一个熟练工人，而凯谋雇佣的其他工人都是对印刷、排版、装订不怎么了解的人。凯谋付给这些人的工资非常低。聪明的富兰克林看到这种情况，就猜到凯谋是想让他把这些廉价雇佣来的工人练成熟练工人，然后再把自己赶走。凯谋在当地的名声很坏，所有人都知道他是个阴险狡猾的小人。

尽管富兰克林已经猜到凯谋的心思，可是他想，既然答应接受这份工作，就应该尽力做好，要对自己的工作认真负责，不能因为老板不好，就影响自己对工作的认真态度。于是，他就每天教这些工人一些技术，甚至把自己发明出来的制作字模的方法也传授给了这些人。

凯谋最初对富兰克林还很客气，几个月后，他发现自己廉价雇佣来的工人已经基本掌握了排版印刷技术，于是就开始无缘无故地找富兰克林的麻烦，无端地克扣他的工资。有一次，凯谋竟然指着富兰克林的鼻子骂他是蠢猪。富兰克林非常生气，并且说："只有蠢猪一样的老板，没有蠢猪一样的工人，像你这样的人根本不配做老板。"

凯谋正想把富兰克林赶走，就挖苦他说："上帝又没有挽留你这个天才在这里工作，你可以像乌贼一样溜走。”

富兰克林早就不想干了，就当着工人们的面说：“凯谋，别绕弯子了，你请我来就是为了给你训练工人。现在他们都是熟练的工了，你就可以赶我走了，我早就猜出你的心思了。不过，你放心，我富兰克林做人向来讲求诚信，不会因为你的卑鄙就传播给他们错误的技术，将来你解雇他们的时候，他们凭借自己的手艺也可以很容易地找到工作。”

说完，富兰克林收拾行李就离开了铺子。

## 司各特还债

遵守诺言就像保卫你的荣誉一样。

——巴尔扎克

英国著名的小说家瓦尔特·司各特虽然很贫穷，但诚实守信，人们都很尊敬他。

一位朋友见他生活困难，就帮他筹钱办了一家出版印刷公司。可是，由于他不善于经营，公司不久就倒闭破产了。司各特因此又背上了6万美元的债务包袱。朋友们知道后，要凑钱帮助他还债。司各特不仅婉言拒绝了，而且还说：“凭我自己这双手，我能还清债务。我可以失去任何东西，但唯一不能失去的就是信用。”

当时，很多家报纸都报道了他的企业倒闭的消息，有的文章还充满了同情和遗憾。他把这些文章统统扔到火炉里，自言自语地说：“瓦尔特·司各特不需要怜悯和同情，他有宝贵的信用和战胜困难的勇气。”

一次，一位债主读了司各特写的小说后，专程跑来对他说："司各特先生，我知道您很讲信用，但您是一位很有才华的作家，应该把时间更多地花在写作上，因此，我决定免除您的债务——您欠我的那一部分钱就不用还了。"司各特说："非常感谢您，但是我不能接受您的帮助，我不能做没有信用的人。"

为了早日还清债务，司各特更加努力工作。他不仅学会了许多以前不会干的活，而且还经常一天跑好几个单位，做好几份工作。由于繁重的脑力和体力劳动，司各特累得又黑又瘦了。不久，他就病倒了。在病中，他经常对自己说："我欠别人的债还没还清呢，我一定要好起来。等赚了钱，还了债，心里踏实、安慰了，再光荣而安详地死。"

这种信念使司各特很快从病中康复了过来。两年后，他靠自己的劳动还清了债务。

## 康德黎援救孙中山

诚实的人必须对自己守信，他的最后靠山就是真诚。

——爱默生

康德黎博士是英国医学家，是孙中山青年时代在香港新医学院求学时的老师。1895 年 10 月，孙中山领导兴中会在广州起义，失败后受到清政府通缉被迫流亡到夏威夷群岛去。在火奴鲁鲁城，孙中山遇见了这位老师和他的夫人。康德黎十分同情孙中山的革命事业，对他说："我们已离开香港，要回英国，住在伦敦波德兰区覃文省街 46 号，假如你到英国，请来找我们。"

1896 年 10 月 1 日，孙中山流亡到伦敦，按址找到康德黎先生。康德黎夫妇热情地欢迎他，康先生说："到伦敦来了，有什么需要，我们一定竭诚相助。"康夫人说："到伦敦也要警惕，这里的中国使馆也收到国内通缉令，当心被他们抓到！"康先生说："不要担心，遇到困难就找我们吧，请你相信，我会尽力帮助你的！我不能让一位革命者在伦敦孤立无援！"

1896 年 10 月 11 日是星期天，孙中山准备到教堂去，在大街上，有两个人用广东话和孙中山搭话，认乡亲，请孙中山到家里喝茶。孙中山不知是计，竟在清政府驻英大使馆被诱捕，关押在密室。大使馆订好了船票，准备将他秘密押解回国。

事情十分危急，孙中山千方百计想和康德黎先生联系，但都失败了。最后，他通过使馆英籍老司炉工人柯尔，把一张名片偷偷送到康德黎先生处，上面写道："我被关押在清驻英使馆，一两天后，将被押送回国。回国后一定会被砍头。请您救救我！"康德黎闻讯后，感到事不宜迟，立即组织营救。

康德黎先生得到消息已经是夜间 11 点，但他还是立刻向苏格兰场警署报了警，接着向英国外交部提出报告。由于是星期天，警署和外交部都休息，怎么办呢？康德黎又连夜赶到英国最有影响的《泰晤士报》报社，向值班主编反映这起中国使馆诱捕案，拟通过新闻报道的力量，形成对清使馆非法捕人事件的强大舆论压力。

康德黎想，如果使馆连夜把孙中山转移了怎么办呢？他决定：雇请私人侦探，监视使馆的动静。一旦发现孙中山在深夜被押解出来，就开车尾随跟踪。

英国政府在接到康德黎报案后，迅速派人调查"诸格来轮船公司"，证实清使馆的确雇定了货船的船仓。而伦敦各报如《地球报》、《中央新闻》、《每日邮报》等，纷纷发布了新闻报道，用了"可惊可愕之新闻"、"革命家之被囚于伦敦"、"公使馆之拘囚"一类的大字标题，轰动了整个伦敦。

10 月 23 日，康德黎博士在一名英国外交部官员和一名苏格兰场探长的陪同下，到清使馆把孙中山接出来。他信守自己的诺言，千方百计援救了孙中山。

# 列宁信守新年邀约

当信用消失的时候，肉体就没有生命。

——大仲马

列宁是伟大的无产阶级革命导师，他非常喜欢儿童。1917 年俄国十月革命胜利后，他立刻指示在全俄执行委员会主席团之下，成立一个儿童生活改善委员会，负责收养孤苦伶仃的孩子。在国内闹饥荒的时候，他指示，要保障孩子们的生活，要由国家免费供应 14 岁以下的儿童一切食品，因为“孩子是我们革命事业的接班人，共产主义大厦得靠他们来建成”。

列宁自己没有儿女，可是自从革命胜利以来，逢年过节，他总是和夫人克鲁普斯卡娅一起到儿童之家，和孩子们欢度节日。1921 年，列宁病了，因为革命胜利以后，反革命势力在 1918 年 8 月刺伤过列宁，养好伤以后，又有太多的工作压着列宁，使列宁的身体越来越虚弱了。可是，眼看着 1922 年的新年快到了，这回列宁实在不能到儿童之家和孩子们一起欢度节日，怎么办呢？最后他决定在自己的家里布置一个枞树晚会，请孩子们上家里来做客！

孩子们一听到这个消息，高兴得晚上都睡不着觉，他们扳着手指头数着日子，等着到列宁爷爷家里去过年。自然，他们谁也不知道，列宁爷爷这会儿正患着重病。

列宁病得越来越厉害，他头疼，整夜整夜地失眠。医生对他说：“列宁同志，您无论如何也得去休养了。”秘书劝他说：“新年晚会就取消了吧，那会消耗您太多的精力的！”列宁说：“不！我希望孩子们成为有革命思想和共产主义道德的人，我对孩子们不能失信！新年晚会一定要如期举行，我也一定要准时出席，和孩子们一起欢度新年！”

工作人员知道列宁的脾气：不但对大人不会失信，而且对孩子们也从不失信。因此，就按照列宁的意思，忙着把列宁的家布置起来。他们从森林里砍回一棵树杆特别直、枝叶特别茂密的枞树，摆放在大厅里，又在树上挂上五颜六色的小电灯和各种玩具，如洋娃娃、小兔子、小狗熊……

当孩子们来到列宁家里的时候，一眼就看见了这棵漂亮的新年枞树，高兴得欢蹦乱跳。这时，列宁尽管正病痛难忍，却一定让工作人员推着他坐的轮椅，来到孩子们中间。当孩子们又是唱歌、又是跳舞的时候，列宁就坐在一旁，笑眯眯地拍着手。有个淘气的孩子爬到列宁的膝盖上，列宁就搂着他慈祥地笑。最后，列宁夫人克鲁普斯卡娅和女工作人员玛丽亚给孩子们发了新年礼物，每人都有一份。

孩子们长大以后，谁也忘不了在列宁家中的这一次新年晚会，当然，也永远忘不了，这一回列宁是坐着轮椅来和他们欢度新年的。列宁信守了他的新年之约，抱病举办并且参加了这样一个令人永远难忘的新年晚会！

## 埃德加践诺向西行

> 对人以诚信，人不欺我；对事以诚信，事无不成。
>
> ——冯玉祥

1936年6月的一天，在由北平开向西安的一列火车里，有一位美国大学教授正在发高烧。虽然是六月天，他却裹着厚厚的外衣，冒着虚汗，冷得浑身直打哆嗦，他咬着牙硬挺着。他心里明白：这是不可避免的药物反应，因为，在他身上注射了多种预防针：预防天花、伤寒、霍乱、斑疹伤寒和鼠疫的预防针。当时，这五种病在中国西北部都正流行着，而且还流传着令人吃惊的消息，说淋巴腺鼠疫在那里也已蔓延开了。然而更可怕的是，他听说这一趟旅行，除了疾病的威胁，还得随时防备可能遇到强盗和土匪，如果遇到他们，不仅会被洗劫一空，还可能丧命。

他望了一眼行李架：那里摆着一个铺盖卷，一个旅行包——里面有文具、两架照相机和24卷胶片。虽然他正发高烧，但心中非常兴奋。他认为，受这样大的罪，冒这样大的险，值得，因为他正在实践着一个崇高的诺言：只要把我介绍给毛泽东，我就不计艰险，一定要到陕北采访一趟。为了探明在中国正在发生着的事实真相，难道不值得我这个外国人用脑袋去冒一下险吗？

这个外国人叫埃德加·斯诺，一个美国记者，在北平著名的燕京大学任教授。1935年12月的一天，一名大学生找到他，说："斯诺先生，明天在长安大街，我们中国学生有个大行动，您愿意不愿意去看看？"他说："当然，我要去的！"他看看日历，知道"明天"是9号。第二天，他在长安大街上看到上万名学生在那里集合，齐声高呼："一致抗日！反对日本帝国主义分割华北！""停止内战！国共合作抗日救国！"这一天特别冷，大批军警开动着水车，水龙头喷出一条条水柱，淋向学生。一时间队伍被驱散了，但是以这一天命名的"一二·九运动"，却在全国掀起了波澜壮阔的抗日高潮。

斯诺知道，这场运动是在中国共产党领导下展开的。但是中国共产党人究竟是什么样的人？他们发动这场运动的基础是什么？是什么目标，什么理想，使共产党人成为顽强到令人难以置信的战士呢？相当长时期以来，竟没有一个非共产党观察家能够有把握地、准确地或是用亲身调查过的事实来解答这些问题，实在可悲。于是，他悄悄地对接近他的青年朋友许下一个诺言：只要有人能开"一封给苏维埃政府主席毛泽东的介绍信"，我就立即动身，设法进入中国西北的红区，用亲身调查过的事实，使人们对红色中国有所了解。

一封用隐色墨水写的介绍信终于秘密地送到埃德加·斯诺教授的手里，斯诺教授立即实践他的诺言，成为第一位进入中国革命根据地的西方记者，写下《红星照耀中国》（这本书又名《西行漫记》）这部不朽名著。

## 白求恩遗嘱赠相机

如果要别人诚信，首先自己要诚信。

——莎士比亚

诺尔曼·白求恩是加拿大共产党党员，著名的医生。1937 年中国抗日战争爆发以后，他率领加拿大、美国医疗队于 1938 年初来到中国，3 月底到达延安。毛泽东主席接见他时，他说："作为医生，我应当到前线去，为伤病员服务。" 6 月，他到达了抗日敌后革命根据地晋察冀边区。

晋察冀边区的军民，热烈欢迎白求恩大夫，聂荣臻司令员亲切会见了这位国际主义战士。会见时，一位新闻记者拍了照片。会见后，几张照片送来了，白求恩一看，啊，拍得好极了，为他留下了极有纪念意义的永恒的瞬间。

白求恩大夫也是一位摄影爱好者，他对记者说："我能看看您的摄影作品吗?" 这位摄影记者是晋察冀军区政治部新闻科科长沙飞，他很高兴地把自己的影集交给白求恩，白求恩一页一页地翻看着，他看到了"激战喜峰口"、"平型关大捷"、"挺进长城内外"、"沙原铁骑"、"塞上风云"等军事题材的摄影作品，还看到反映晋察冀边区人民政权建设的作品。忽然，他看到影集中几张摄有西方人士的照片，就问："他们是谁?" 沙飞介绍说："这位是美国记者郝乔治，这位是英国武官司品列，他们都在前不久访问过我们晋察冀边区！”白求恩又问：“怎么这里还有鲁迅先生？”沙飞说：“两年前，我在上海美术专科学校读书。当鲁迅先生抱病参观第二回全国木刻流动展览会，和几位青年木刻家围坐交谈时，我抢拍了这几张照片。11 天后，也就是 1936 年 10 月 19 日，鲁迅先生就病逝了。”白求恩欣赏着鲁迅先生轩昂的形象，说：“了不起，沙！您留下了许多历史性的画面！”

白求恩大夫很快投入了抗日敌后革命根据地的战斗生活。前线不断送来伤、病员，晋察冀边区不但缺医少药，而且缺乏足够的医生。白求恩一方面抢救伤病员，一方面筹建医院，还要培训医护人才，同时要想方设法，通过八路军和游击队的地下交通线，从敌占区采购药品和器材。对于白求恩大夫忘我的工作，沙飞都暗暗地留心着。

一天，沙飞又把《白求恩和小战士》等几幅摄影作品，送给白大夫。白求恩欣赏着照片，突然问：“沙！能不能让我看看您的照相机？”

沙飞笑着说：“当然可以。这是我在上海读书时，在旧货商店买到的。”白求恩检视了一番后，叹了口气说：“啊！一架普通的旧相机，却拍出第一流的照片，内容和技术都那么好。你真是我所遇到的最好的摄影记者之一。”他拿出了自己的相机，说：“沙！我的机子比你的好，可是我拍不出你那么好的作品！”他收拾好相机后，又说：“沙！以后我回国了，一定要捎给你一架新相机，让你拍出更多更好的作品！”

但是，白求恩大夫终于没能回国。1939 年，在一次为伤员施行急救手术时，他的手指被手术刀划破而感染，11 月 12 日在河北省唐县逝世了。临终，他立下遗嘱，交待了自己身后应当办的事，其中有一条是：请把我的那架照相机，转交给沙飞！

# 以信立国

## 退而让之，进而取之

> 去食去兵，不可去信。
>
> ——关汉卿

晋文公重耳是晋献公的儿子。在晋献公被立为太子的时候，重耳已长大成人。晋献公即位那年，重耳已 21 岁了。晋献公二十一年，献公在骊姬的挑拨下杀死了太子。当重耳去看望父亲时，骊姬又进馋言加害重耳。重耳非常害怕，没有向献公告辞就返回蒲城去了。

晋献公二十二年，献公派宦官履去杀害重耳。重耳没有办法，只好带着身边的一帮人投奔他生母的故国——狄国。这一年，重耳 43 岁。

重耳在狄国住了 12 年，还是不敢回国，只得在各国之间奔走流浪。大约在晋惠公十三年，重耳十分狼狈地离开郑国，来到了楚国。

楚国是南方一个大国。国君楚成王意识到，以后要向北发展，就要和晋国搞好关系。这引起了他对重耳的重视。

重耳来到楚国后，楚成王用相当于诸侯的礼节接待他，重耳辞谢不敢承当。随从赵衰说："您流亡在外十几年，连小国都轻视您，何况大国呢？如今楚作为大国而坚持如此款待您，您就不必谦让了。这是上天在保佑您啊！"重耳于是以相应的宾客礼节会见楚成王。

一次，楚成王举行盛大的宴会招待重耳。席间，成王对重耳说道："您如果返回故国，当上了国君，用什么来报答我呢？"重耳很恭敬地说："美女和玉帛等物，君王您有的是；鸟羽、牛尾、象牙、犀角等物，就产在您的土地上。我实在不知道用什么来报答您的好。"

成王又说："即便如此，您总该有所表示吧，到底想用什么来报答我呢？"重耳想了一下说："如果托君王的福，能返回晋国当上国君，倘若有朝一日晋楚失和，同您各领兵车在平原旷野相会，我将退避三舍，以报答君王今日的盛情！"

重耳在楚国居住了几个月后，在秦国作人质的晋国太子圉从秦国逃亡，秦穆公因此怨恨太子圉。听说重耳在楚国，便派人来召他。楚成王说："秦国和晋国毗邻接界，秦君又贤明，您就好好去吧！"并备厚礼为重耳送行。

晋惠公十五年，重耳在秦国重兵的支持下，趁着晋惠公死后晋国的混乱，回到了晋国，当上了国君，即晋文公。这一年，重耳已经62岁了。

晋文公当国君的时候，楚国的势力已经达到黄河流域，有取代齐桓公称霸中原之势。晋国在经过一段时间的发展之后，内部已经统一，国土也扩大了不少，国力逐渐强大。晋文公当政之后，更是加紧发展生产，整顿吏治，训练军队，终于成了北方一大强国。

新兴起的晋国，只有向南发展，才能成就霸业。这就必然与北进的楚国发生冲突。于是，两国之间的战争便不可避免了。

晋文公五年，晋楚两国的军队终于在曹国相遇。以实力而论，楚强晋弱。晋文公为了实践自己"退避三舍"的诺言，便令晋军主动从曹退到卫国境内的城濮。

楚国的主将子玉是一个十分骄傲的人物。晋军后退，别的将领都主张楚也撤军，子玉则坚持不干，并命令楚军一直紧追到城濮，靠山扎下营寨。他以十分轻蔑的口气向晋文公下了一道战书，写道："我愿与君王的部下在这里游戏一番。”

晋文公派人回答道：“楚王的恩德我国国君还不肯罢休，那就请你们准备好战车，整顿好队伍，明天早上相见吧！”

交战开始，晋军用诱敌深入、迂回抄袭的战术，打败了楚军。从此，楚国北进的打算受挫，逐渐向南退缩。晋文公的霸业就此确立了起来。

## 晋文公示信伐原

海岳尚可倾，口诺终不移。

——李白

春秋时期，晋国的国君晋文公是“春秋五霸”之一。他以“信”立国，赢得了百姓的信任。在他的治理下，晋国一天比一天强盛起来。

有一年，周朝天子周襄王把原伯贯的土地改封给了晋文公。晋文公预料到原伯贯不会轻易地交出土地，便传令下去，准备三天的粮草，进行强攻。

原伯贯果然不愿意归顺晋国，他欺骗城里的百姓说：“晋国的军队不久前攻占了阳樊，把那里的大人小孩都杀了。现在，阳樊城里尸横遍野，血流成河。”原国的百姓信以为真，决心死守城池，不让晋军攻进来。

晋文公见原国的百姓不肯归服，便向城里喊话说：“我军只准备了三天的粮草，要是三天攻城不下，我们立即撤兵，决不会伤害百姓！”

晋军攻城两天没有攻下来。第三天晚上，晋国派往原国的间谍回来，带来了“原国准备投降了”的消息，说原国的百姓已经知道了原伯贯的话是骗他们的。晋军将士听到这个消息后，就劝晋文公，请他再等一等，不要马上撤退。

晋文公则坚持撤退。他说："我已经说过了，攻城以三天为限。如果三天攻不下，我将信守诺言，立即撤军。你们不要再有别的想法了，就准备明天撤军吧！"

晋军将士对晋文公的做法很不理解。有个将军又劝晋文公说："既然原国已经准备投降，我们不就可以轻而易举地拿下这个城池了吗？主公何必多此一举呢？"

晋文公说："我们决不能只看到一城一池的得失。信用，是治国的法宝，也是安民的法宝。国君讲信用，老百姓才有安全感。这次我们来收复原国，许诺是攻城三天，这是众所周知的。哪怕我们多待半天，那也是不守信用啊！得到原国，而失去信用，用什么去维护百姓呢？这样，丢失的反而更多！"

于是，第四天一大早，晋军的将士便打点好行装，悄无声息地向后撤退了一舍（即15千米）。

原国的老百姓发现围城的晋军真的撤走了，一兵一卒都没有留下，无不奔走相告："晋文公真是讲信用啊！他宁可失去原国，也不愿失去信用，这才是我们老百姓可以信赖的君主啊！"

于是，百姓们拥到城楼上，将原国的旗子降下来，然后去追赶晋文公的军队，请他们回来。原伯贯见大势已去，只得打开城门，做好投降的准备。

原国的百姓们追了15千米，来到了晋军的驻扎地，劝说晋军回去收复原国。这时，原伯贯派人送来的降书也到了。晋文公这才下令军队掉转方向，朝原国进发。晋军进城时，城中的百姓夹道欢迎，场面十分热烈。

晋文公以"信"立国，把信用当做治国的法宝、安民的法宝，他宁可失去原国，也不愿失去信用，表明他是一位言行一致的君主。

# 燕昭王以信招才

立身存笃信，景行胜将金。

——《全唐诗补逸》

燕国是中原诸侯国中最北边的一个国家。燕昭王继任时，燕国已被子之糟蹋得残破不堪。国都蓟几乎成了一片废墟。他决心改革政治，加强军事，发展生产，使燕国强盛起来。燕昭王深知：要强盛，没有各方面的人才是不行的。于是他就亲自到各地去访求贤才，对有专长的人都去登门求教，只要他们愿意，就聘请他们来朝廷做事。

有一位名叫郭隗的人，很有见识。他在子之作乱时，因不肯与这个野心家合作，而隐居深山。燕昭王听说，亲自到深山里去登门求教。燕昭王对郭隗说："齐国趁我国内乱之际，侵占了我们燕国十几座城池。我们燕国被糟蹋得田园荒芜，民生凋敝，至今还站立不起来，令人十分痛心。因此，我诚恳地请求各方面的人士来帮助燕国，使国家迅速强盛起来。如何起步，今天特向先生求教。"

郭隗见燕王有复兴燕国之志，为人又谦虚宽和，礼贤下士，言辞又诚挚恳切，就说："大王所言极是，要想雪耻，就要使国家强盛起来。要想国家强盛，就要广招人才。要广招人才，就必须使举国上下都知道大王爱惜人才。要是人们都知道大王重视人才，那么天下的贤才就会争着立于大王之朝，来为大王效力了。"燕昭王说："先生所言深合我的心意，可怎样才能使人们相信我是真正爱惜人才、重用人才呢？我确实是真心实意地求贤，怕是人们不一定理解我的心情。"

郭隗没有立即回答燕昭王提出的问题，却讲了一个故事。他说："古代有个国王，他一心想得到一匹千里马。他出了好多钱，派了好多大臣到各地去给他购求。可是一连物色了三年，连一匹千里马也没买到。国王非常着急。有个给国王打扫宫廷的人，自我推荐说：'大王给我千两黄金，我能去给大王买到千里马。'国王求千里马的心情很迫切，就给他千两黄金，让他去买千里马。这人去了三个月后，一天返回朝廷，背回一颗马头来。他向国王回报说：'我找到了一匹千里马，可惜去晚了，等见到那匹千里马时，那马已经死了。我想，马虽死了，也还是千里马，就用大王的千金把它买来了。您看，这就是千里马的马头。'国王一听，十分恼火，说道：'我要你去买活的千里马，你却买了一颗死马的马头来，这有什么用？白白花去我千两黄金！'买死马头的人说：'大王息怒，这颗死马头不会白买。这里有个道理：大家若都知道一匹死的千里马大王都肯出千金购买，对活的千里马，自然会更重视的。天下的人都知道大王诚心诚意地要买千里马，那么要不了多久，千里马就会到大王这里来了。'果然，不到一年的工夫，这位国王就得到好几匹千里马。"

燕昭王听完郭隗讲的故事，问道："先生您讲这故事的意思是……"没等燕昭王再往下说，郭隗就接着说道："天下的事各不相同，但道理有些是相通的。大王如果真心实意地访求贤才，不妨从我郭隗开始，让我来给您当这马头吧。要是天下人都知道，像我郭隗这样的人都受到大王的器重，那些比我才能更高的人，自然就会不远千里来投奔大王了。"

燕昭王采纳了郭隗的建议，并且说到做到。燕昭王郑重地把郭隗请到朝廷来，拜他为老师，日夜和他商量复兴国家的大计。为了表示对郭隗特别尊敬，给郭隗以优厚的待遇。当时燕国的宫殿被战火烧了，燕王自己没有像样的宫室居住，和大臣们一起办事也是在临时搭的简陋草房内，却单独给郭隗筑起一座高台。在台上给他建筑了华丽的馆舍，又举行了隆重的仪式，恭恭敬敬地请郭隗到里面居住。还在这高台上放置许多黄金，任郭隗花用。因此，人们都称这高台为"黄金台"。

这件事很快传遍四方。人们都知道燕昭王是真心实意地敬重人才，礼贤下士，一些有真才实学的人，都先后聚集到燕国来。著名的军事家乐毅从魏国来到燕国，善于带兵打仗的剧辛从赵国来到燕国，精通天文地理的阴阳家邹衍从齐国来到燕国……这样许多豪士云集燕国，经过几十年的共同努力，燕国又强盛起来。

## 魏惠王认错求贤

吾不能变心以从俗兮，固将愁苦而终穷。

——《离骚》

有那么一阵子，魏惠王老是打败仗，他的上将庞涓让齐国的孙膑用乱箭射死在马陵道上，他自己的儿子也被秦国的商鞅俘虏去了。

魏惠王心里好难过，想当年魏国有多威风，周围的齐、秦、赵、韩几国谁也不敢小看它。可现在，不但要向人家上贡求和，连国土都被人家抢去了一大片。不行，我一定要重振旗鼓，恢复昔日的威风！可是，要想富国强兵，该从哪一步开始呢？

大臣们听了惠王的想法，纷纷提出了各自的意见和建议。其中一位大臣的意见最让惠王受到震动，他说：“当年，商鞅在咱们魏国做官，大家都劝您重用他。可您就是不信，结果怎么样呢？商鞅被人家秦国请去了，他帮着秦王变法革新，使秦国由弱变强，现在反倒来欺负咱们。后来，您又听信庞涓的话，把孙膑这么个天下奇才害成残废。到头来，孙膑也帮着齐国打咱们。我看，您要富国强兵，首先要善于识别任用贤良的人才。”

一席话说得惠王满面羞惭，他说：“寡人知错了，国家弄到这一步，都是由于我贤愚不分，黑白混淆所造成的啊！好吧，从今日起，寡人要洗心革面，礼贤下士，希望大家多多推荐贤才。"

从此，魏国的大臣奔走于各国，用最谦卑的口气，最厚重的聘礼邀请天下的人才到魏国来。像邹衍、孟轲等人就都是这样被请去的。他们到了魏国，与惠王倾心交谈，真心地指出魏国的缺点，讲述治天下的道理和方法，使惠王很受启发。

一天，惠王听大臣们提到，齐国的淳于髡先生正在各国游历。这位淳于（复姓）先生上通天文，下知地理，有了不起的才干，连当年的管仲、晏婴都不能和他相比。惠王一听就叫起来："他既然有如此的才干，你们为何不请他来呢？"

大臣们答道："淳于先生现在已经在给齐国效力。"

惠王一瞪眼睛："我们可以给他更优厚的待遇嘛！"停了一下，惠王又说："就算请他做官他不来。至少也可以请他来谈谈，给寡人指点一些治国之道呀！"

大臣们你看我，我看你，好像有点为难的样子。最后一位大臣说道："我们确实去请过淳于先生，可他就是不愿来，我们也闹不清是为什么。"

"不管怎么难，也要去请，至少也要请他到魏国来做做客。"惠王下了死命令。

魏国的大臣们费了好大劲儿，还真把淳于髡给请来了。惠王高兴极了，把淳于髡请到王宫中，摆下宴席款待他。可是，这位淳于先生坐在那里，光是吃，或者侧耳听听惠王与大臣们谈话，自己却什么都不说。就连惠王问他问题，他也哼哼哈哈地，不做正面回答。

送淳于髡去客馆休息以后，惠王心里挺生气。他把大臣们找来问道："你们都说淳于髡有管、晏之才，可我看他傻乎乎的，像个木头人，哪里像个人才的样子啊？"

大臣们赶紧说："大王可不要以最初的印象来下结论，别忘了过去对待商鞅、孙膑的教训啊。"

"对，对，寡人又差点犯错误。不过，他那个样子真叫人摸不透，难道我这样尊敬他，他还是不屑于同我谈话吗？请你们中一个人去客馆里见他，看看他到底有什么不满之处。”

一位大臣奉命而去，当天晚上就来报告说：“淳于先生讲，他过去曾经找过大王两次，可大王当时都无心同他谈话，他不知道大王现在是否真心想要了解治国之道。”

惠王莫名其妙地说：“没有的事啊，我什么时候见过他呢？”

大臣说：“大王好好想想，过去有不少无名的隐士来投奔过您，他会不会是其中之一呢？”

“唔，让我想想，这倒是有可能。”说着，惠王就把宫里管理记事的官员找来，让他查一查。果然，查出淳于髡曾两次来见过惠王。那时，淳于髡名气不大，刚巧两次都碰上惠王正在接受别人送的礼物，根本没顾上和淳于髡讲话，所以惠王一点印象也没有。

“我当时并非有意伤害他，难道他还同寡人记仇吗？”惠王仍然有点不服气。

“大王又错了，淳于先生并非记您这点小过，他是要试试您是否真心求贤。您不如诚实地承认自己的过错，这样才能赢得天下贤才们的敬重。”大臣劝导惠王说。

次日，惠王又把淳于髡请来，并且走下宝座，向淳于髡作了一揖，说道：“寡人曾两次失敬于先生，这真是寡人的大错。您第一次来，正赶上有人进献好马；第二次又遇上有人送来一位善于弹琴唱歌的乐工。我虽然叫人招待您，可心思全在名马和乐工身上，没顾上向您讨教治国的大道理。这说明寡人将声色享乐置于治国安邦之上了。为此，得罪了先生，真是惭愧，望先生能够原谅！”

淳于髡见惠王能这样放下架子，向自己认错，觉得是和他谈论治国之道的时候了。于是，就坐下来与惠王倾心交谈起来，两人谈得十分投机，一直谈了三天三夜。

虽然淳于髡最后还是没有在魏国做官，但是魏惠王礼贤下士，勇于认错的名声却传了出去，后来就有不少有才之士慕名前来投奔他。

# 秦孝公诚信用商鞅

不宝金玉，而忠信以为宝。

——《礼记》

公元前361年，秦国21岁的年轻君主孝公在都城雍州即位执政。这时，齐、楚、魏、燕、韩、赵六国，都很强大，唯独秦国地处偏远，经济落后，政治上也没有什么地位。秦孝公感到迫切需要有一番作为，说："谁要能献出妙计，使国家迅速强大起来，那就照他说的办！"

一天，一个年轻人风尘仆仆地来到秦国，求见孝公，他就是卫国的公孙鞅。孝公先后三次接待了他，两人谈得十分投机。

公孙鞅说："如果要使国家强大，就不能沿用老办法；如果要使百姓得到实惠，就不能保留旧体制。"秦孝公说："太对了，快说说你的具体办法吧！"

公孙鞅说："变法可以分两步走。第一步要实行四条办法：一要奖励耕织，惩办倒买倒卖；二要奖励军功，反对打架斗殴；三要把百姓组织成什伍单位，稳定社会秩序；四要限制贵族的特权，不立新功就不能享有崇高的社会地位。"

秦孝公说："真是好主意！那第二步是什么呢？"公孙鞅接着说："第二步要实行三条：废井田，开阡陌；统一度量衡；将全国统一设置成31个县。另外，还要鼓励父亲和成年的儿子以及兄弟分家而居。"秦孝公听完，兴奋得忘了自己的身份，用两膝跪行到公孙鞅的座席前说："真是好极了！我让你当左庶长，主持这场变法！"

公孙鞅的变法主张，虽得到孝公的赞赏和支持，却遭到守旧贵族的激烈反对，甚至连太子也犯了法。公孙鞅奏告秦孝公说："法之不行，自上犯之，变法的阻力，往往来自高高在上的那些养尊处优的人们。太子犯了法，是由于他的老师没有引导好，必须处罚太子的师和傅！"秦孝公说："照你制定的条例办。"于是，就在太子的两位老师的脸上，刺下"犯法"两个字。另有一名贵族，名叫公子虔，公然反对废井田，开阡陌，放高利贷时照样大斗进、小斗出，破坏度量衡的新制度。公孙鞅又奏告秦孝公，秦孝公再次说："照你制定的条例办。"于是，公子虔被判处"劓刑"，割掉了鼻子。

公孙鞅不但主持变法，而且向秦孝公请战，亲自带兵攻打魏国，打了大胜仗，占领了魏国在黄河西岸的大片土地，立了一大军功。

秦孝公自从采用了公孙鞅的变法措施以后，国家一天天兴盛起来，形成"道不拾遗，山无盗贼，家给人足"的社会风气。在诸侯中，秦国的地位骤然上升。秦孝公感觉到了自己这一代，秦国又富强了，非常满意，当公孙鞅从伐魏前线回来以后，秦孝公就把"於""商"十五邑，封给了他，号为"商君"。后世称公孙鞅就叫商鞅。

## 钱镠牢记父训

> 过而能改，善莫大焉。
>
> ——《左传》

五代十国中有个吴越国，它的缔造者是钱镠，小名叫婆留。

唐宣宗大宗六年，钱镠出生在临安。钱镠出生时，父亲钱宽正在别处。

邻居跑来告诉他说：“你家生个男孩，屋里传出了兵甲和马嘶声，乱作一团。”钱宽认为这是不祥之兆，回家抱起钱镠就要往井里扔。祖母听说后，急忙跑来，苦苦地将钱镠夺下了。因此，钱镠小名叫婆留。

钱镠小时很聪明，也很有胆量。他家门外有一大片空地，空地上立了一根大木头，木头下面有块大青石。钱镠和邻居的孩子们常在空地上一起玩耍，在大木头下面做游戏。钱镠往大青石上一站，指挥小朋友们集合、整队、操练，俨然是个将军似的。孩子们都乐意听他的指挥，大家玩得很高兴。

钱镠长大后，专爱舞枪弄棒，讲义气，言行一致，说话算数。他武艺过人，善于射箭，使一把长矛，勇敢好斗。

唐朝末年，天下大乱，钱镠参军当了偏将，因功先后升任刺史、节度使。后梁太祖开平元年，后梁太祖朱温封他为吴越王。

吴越拥有现在浙江全省、江苏南部和福建北部一些地方，它的北边和西边是南唐，南边是闽国，东边靠海。

钱镠当上国王，就摆起阔来，在临安城里盖起王宫，十分豪华。他经常带着车马随从出外游玩，前呼后拥，好不威风！他的父亲对此很不满意。每次听说钱镠出游，他都有意避开，钱镠不知道这是什么缘故。一天，他不坐车，不骑马，也不带随从，一个人步行到父亲的住处，问父亲道：“父亲大人，你为什么老是回避我。我当国王，岂不光宗耀祖吗?”父亲说：“咱们家世世代代靠种田打鱼为生，没有出过达官贵人。你现在做了国王，占有十三州的地盘，可是三面受敌，人家虎视眈眈，要跟你争城夺地啊！我怕你惹来祸患，所以不想见你。”钱镠听了，当下表示说：“儿一定记住父亲的嘱咐，保住自己的土地。”

钱镠言行一致，说到做到。

南唐的地盘比吴越大得多，实力也比吴越雄厚。钱镠知道自己的处境很危险，怕南唐来攻打，不敢疏忽大意。他晚上不敢安稳地睡，叫人用小圆木做了个枕头。要是睡得太熟，脑袋一动，就从木枕头上掉下来惊醒了。他把这个枕头称为“警枕”。

钱镠年纪越来越大，为免健忘，特地在卧室里放了个盛白粉的盘子，晚上想起什么事，就随时写在粉上，免得忘记。他还让侍从通宵值班，外面有人要来议事，就让值班的人把他叫醒，以免误事。

钱镠不但自己保持高度警惕，对他的将士要求也很严格。在他住宅的周围，夜里都有士兵打更巡逻。一天晚上，打更的士兵蹲在墙根打起盹来。这时，突然飞来几颗铜弹子，掉在士兵身边，把士兵惊醒了。士兵们后来知道这铜弹子是国王打过来的，以后打更时再也不敢疏忽大意了。

钱镠治国极其负责，常常微服出访。一天夜里，他穿着便服出城，私访完毕，要从北门进城。这时，城门已经关了。钱镠在城外高喊："快开门！"看城门的小吏不理他。他说："我是大王派出去办事的，现在要急着回城。"小吏说："夜深了，别说是大王派出去的人，就是大王亲自来，也不能开城门。"钱谬在城外绕了半个圈子，从南门进了城。第二天，他把看北门的小吏找来，称赞他办事认真，并且赏了他一些钱。

钱镠兢兢业业，十分注意发展农业生产。他在位期间，做了两件极为有意义的事：一是修建钱塘江海堤和海塘，二是兴修吴中水利工程。

钱塘江的入海口十分宽阔，海潮倒灌时，常常冲上江岸，威胁着杭州城与周边农田的安全。钱镠下令征召大批民夫、工匠，凿石填江，修筑了一道坚固的石堤，保护了杭州城和农田。又把江中的巨石炸平，让舟船航行，便利了水上交通。建造了龙山、浙江两座闸门，阻止海水内灌。还在许多河渠上建造了堰闸，可以蓄水泄洪，防止洪灾。

吴中自嘉兴、松江到太湖沿岸，常有水旱之灾。钱镠招募士兵组成撩清军，沿河筑堤，使百姓旱时可以引水灌田，涝时可以引水浇田。江浙平原一带土地肥沃，温和多雨，再加上这些水利工程，排灌便利，因此农业生产得到了发展。庄稼连年丰收，米价便宜，每石只值五十文钱。民间送给钱镠一个外号，叫"海龙王"，称赞他在兴修水利方面的贡献。还有人赞美吴越国是地上天堂。

钱镠生活俭朴，穿布衣，用旧蚊帐，不宴饮，不游乐，即便是除夕之夜，也不大张鼓乐。

钱镠寥言行一致，牢记父训，让国家迅速强大起来，百姓也过上了好日子。

## 发愤图强的周世宗

土扶可城墙，积德为厚地。

——李白

后梁末帝龙德元年九月，柴荣生于邢州龙冈。父亲柴守礼是个庄园主，姑母是五代后周太祖郭威的结发之妻。因姑母无子，柴荣从小由姑母收养，住在郭威家里。郭威很喜欢这个孩子，就收他为养子。

当时，郭威还是个小军官，生活不富裕，柴荣就帮助姑母料理家务。他聪明伶俐，为人谨慎。为了减轻郭威的家庭负担，年少的柴荣经常跟着商人做茶叶生意，到过许多地方，接触了下层社会各色人物，看到许多民间疾苦，养成了刻苦自励的精神。

后来柴荣当家，郭家越过越富，这使郭威十分高兴，从而更加信任他了。

郭威的职位不断升迁。柴荣跟郭威学会了十八般武艺，尤善骑射，并且粗通书史，逐步地培养起军政才能，开始在郭威手下担任军官。

后周太祖广顺元年，郭威建立后周，史称后周太祖。柴荣以皇子身份出任澶州节度使，成为郭威的得力助手。

后周世宗显德元年，郭威病死。皇后柴氏无子，后来娶的姬妾生的两个儿子早已被后汉隐帝刘承佑杀害。所以郭威一死，皇位顺理成章地落到柴荣头上。郭威经过多年考验，知道柴荣敢于负责，言行一致，便于临死前对柴荣说："国家重任，就由你一人承担了。"

柴荣即位，史称后周世宗。北汉主刘崇趁后周国丧，勾结契丹南侵，想一举消灭后周。世宗闻讯，毅然率领人马前去抵御。

这年3月18日，两军在高平相遇。当时，双方都有数万人马，但柴荣一支后续部队尚未赶到，并且由于急行军，士兵都很疲劳。北汉刘崇率领三万大军居中，契丹大将杨衮率军居西为右军，先锋张元徽率军居东为左军，阵势十分严整。后周一些将领见状，不由得胆怯起来。

刘崇见此情景，竟骄傲起来。契丹大将杨衮劝他说："千万不要轻敌！"他不加理睬，反而叫契丹骑兵不必出战，把杨衮丢在一边，想要独夺全功。他对杨衮说："将军不必出战，看我破敌吧！"他深信胜券在握。为了显示镇静，他还传令军中奏乐饮酒。

两军刚一交锋，后周右军将领樊爱能、何徽便扔下部队，只率少数骑兵逃离了阵地。右军骑兵大乱，步兵数千人逃跑已经来不及，都丢下武器向敌军投降。樊爱能、何徽拼命逃窜，还造谣说后周大军已经战败投降，阻止后军前进，扰乱了军心。溃军一路抢劫。柴荣派人命令他们停止逃跑，他们反而杀害使者，继续逃跑。柴荣见此情景，仍能镇定自若，端坐在马上督战，没有一点惧色。他率身边的亲兵数十人向前冲去，直奔刘崇营帐。周军将士见皇帝亲自冲锋陷阵，也都争先恐后，奋勇冲杀。一时间杀声震天，吓破了敌胆。后周大将赵匡胤喊道："皇上都不怕死，我们还不拼命吗？"说着，便和禁军将领张永德分左右两翼直冲敌阵。

北汉军没有料到周军来势如此凶猛，顿时大乱，左军大将张元徽在激战中被杀。右军契丹大将杨衮因刘崇不重视他，心里不高兴。当他看到周军冲杀过来时，忙带着骑兵撤走了。刘崇只得披上蓑衣，戴上斗笠，仅带一百余人狼狈地逃回太原。

会战胜利后，柴荣为寻求治国方略，经常寝食不安。他对近臣说："我刚刚即位，经历还浅，懂得的事情不多，而国事这样重大，我担心不能办好。"为了集思广益，世宗开始求贤求谏。他规定臣子要随时上书议事，批评朝政，推荐人才。显德二年（955），世宗命令文臣武将都要写《为君难为臣不易》和《平边策》各一篇，提供治国方略和进取大计。大臣王朴在《平边策》中说："中原残破，来自政治腐败，以致君昏臣邪，兵骄民困。现在要想治国，一要整顿政风，好官留下，坏官革职，君臣间以诚相见，建立严明的考核与赏罚制度；二要理财，减轻赋税，让百姓过上温饱的日子。只有这样，国家才有可用的人才和物力，才能完成统一天下的大业。"

王朴的建议正合柴荣的心意。于是，他开始大刀阔斧地进行改革。

首先，严肃军纪，训练军队。当时，后周的军队缺乏训练，纪律松散。将领骄横跋扈，经常不执行命令，每遇大战，不是望风而逃，就是缴械投降。尤其高平一战，给柴荣留下的印象极深。于是，他对作战有功的人加官行赏，如赵匡胤因作战得力，升为禁军统帅殿前都点检。对于怯敌的人则予以惩罚，如樊爱能、何徽临阵脱逃，被斩首示众，共有70余名临阵脱逃的将士受到惩罚。右屯卫将军薛训因纵容下属敲诈百姓，被免官放逐。这年10月，左羽林大将军孟汉卿放纵部下鱼肉百姓，向百姓多征正税以外的耗余，激起了民愤，世宗将其处死。有人说："孟汉卿的罪不至于死。"柴荣说："不杀不足以平民愤，杀了他可以惩戒旁人。"

其次重用人才，任人唯贤。一天，柴荣要提升出身低贱的魏仁浦当宰相。有人说："魏仁浦不是科举出身，不能当宰相。"周世宗反问道："自古以来有才能的宰相，难道都是科举出身吗？"他力排众议，破格任用小吏出身的魏仁浦当了宰相。为了防止舞弊，世宗下令对已选取的进士进行考核。世宗所任命的官员都是有才干的。

唐末以来，佛教在中国发展得很快。后周时，寺院遍及各地，有僧尼近百万。许多富户为了逃避赋役，托名僧尼，甚至将庄园托名寺产。军队中的逃兵、无业游民、逃亡奴婢、罪犯等也多遁迹寺院，求得庇护。这使国家失去了大量的劳动力和收入。世宗下令道："除少数法定寺院外，其余一律废除。"经过整顿，废去寺院3万余所，裁减了大批僧尼。

周世宗下令将民间的佛像、铜器销熔铸钱。国家因此获得了大量钱币，充实了国库。在拆毁佛像时，许多人不敢动手，怕来世受报应。面对慈眉善目的大铜佛，人们好像看到了释迦牟尼。柴荣为消除人们的疑虑，解释说："佛是佛，铜像是铜像。况且佛为了利民，连自己身上的肉和眼睛都要拿出来施舍，我们把佛像砸了铸钱，于民有利，佛也是会同意的。"在《平边策》中，许多人建议先进攻江淮地区的南唐。周世宗采纳了这个意见。在进攻南唐之前，为了解除后顾之忧，世宗决定先从后蜀手中夺回秦、凤、成、阶四州，这四州是后晋时没入后蜀的。后蜀主孟昶是个暴君，四州百姓民不聊生，痛恨后蜀政权，先后多次派人到开封要求后周收复四州。

显德二年四月，周世宗命令大将王景、向训等分头出兵西进。战役进行了两个月，秦、成、阶三州相继投降。十一月，王景又攻克了凤州。紧接着，周世宗下令进攻南唐。战争从显德二年十一月出兵起，前后打了两年之久。其间，周世宗曾三次亲征。

显德四年十月，世宗第三次亲征南唐。从十一月起，周军发动了强大的攻势，一直打到长江北岸。南唐怕后周大军渡过长江，于显德五年三月割地求和，划江为界。

周世宗三征南唐，取得了江北 14 个州、60 个县的土地。

接着，周世宗决定收复幽州。显德六年三月，周世宗亲自统兵北伐，战争进展得非常顺利。四月，契丹宁州刺史王洪献城投降。接着，益津关契丹守将终延辉开关投降。赵匡胤率军进入瓦桥关，契丹守将姚内斌也献城投降了。仅 42 天，后周大军就收复了 3 关 17 县土地，契丹统治者惊慌失措。

周世宗言行一致，发愤图强，为宋太祖赵匡胤统一全国奠定了基础。

# 秉公执法

## 孙武练兵

人们许诺，往往会因为食言而叹息，所以不许诺是最安全不过的。

——泰戈尔

孙武，字长卿，春秋末期齐国人，著名的军事家。他在吴国为将时，主张以法治军，曾率兵攻破楚国，使吴国强大起来。他所著《孙子兵法》一书，总结了古代的作战经验，是世界上最早的军事著作之一。

春秋末期，出生于齐国贵族的孙武流亡到了南方的吴国。吴王阖闾为了争夺霸主地位，迫切需要拜请一位能够领兵作战的将军。恰在这时，他得到了孙武写的《兵法》13 篇，读完之后十分着迷。于是，派人把孙武请进王宫。

吴王阖闾见了孙武后，很客气地说："您的《兵法》我已经拜读过了，其中的见解很精辟，只是不知道您能不能实际演示演示呢？"

孙武非常爽快地回答说："当然可以！不论男的女的，经过我列阵演练，都可以成为勇武善战的好兵！"

“从未见过战阵的娇弱女子，您也能把她们训练成为好兵吗？”吴王似信非信地问。“能！”孙武斩钉截铁地回答。

这一天，吴王把180名宫女交给孙武训练。他想考察一下孙武的实际指挥能力，就坐在演练场旁边的高台上观看。

孙武开始演练，先让每个宫女手持一支戟，把她们分成左右两队，分别指定吴王的两个宠姬担任队长。接着，孙武问她们：“是否知道自己的心、背和左右手的位置？”众宫女回答：“知道！”她们也好奇地想看看孙武究竟要怎么操练。

只听孙武严肃地说：“现在，由我擂鼓发令。令向前，就朝着心所对的方向进击；令向左，就沿着左手的方向进击；令向右，就沿着右手的方向进击；令向后，就朝着背的方向后退。你们能做到吗？”众宫女说：“能！”孙武又强调说：“如果有人不听从军令，就依法斩首！”

众宫女平时只会唱歌跳舞，哪里晓得军法的厉害？尤其是那两个队长，仗着吴王的宠爱，根本没有把孙武放在眼里。因此，当孙武发出军令后，鼓声咚咚，令旗挥舞，众宫女不但没有依令进退，反而嘻嘻哈哈闹个不停，把队形都搞乱了。

见此情景，孙武没有动怒。他说：“大家第一次参加操练，有不明白的地方，是我没有讲清楚。”他把军令和操练要求又反复地向宫女们作了讲解，再次强调：“如果有人不听军令，是一定要斩首的！”

孙武把宫女们的队形整理好以后，再次下令击鼓向左进击。宫女们还是嘻嘻哈哈，两个队长依然笑得前仰后合。队形又被搞乱了。

这时，孙武威严地宣布：“我已经讲明军令和操练要求，可是队长却带头不听军令，依法应当斩首！”于是，他下令把担任队长的两个吴王宠姬绑了起来。

坐在高台上观看演练的吴王阖闾闻听此言，大吃一惊，赶忙派人传旨要求赦免二姬。孙武断然回答：“现在我是主将，将在外，君命有所不受。”在他的坚持下，两个宠姬被斩首示众。

众宫女见孙武说话算数、执法如山，操练时再也不敢怠慢。一会儿鼓声又起，令旗挥舞。众宫女奇迹般地排列成了一支步调整齐的队伍：前后左右，卧倒起立，就是在泥泞的草地上，也是按照军令进退起止，完全符合要求，一点差错也没有，嘻嘻哈哈的吵闹声更是听不到了。

通过这次演练，孙武显示了他的治军才能。吴王阖闾尽管心疼他的两个宠姬，但更庆幸发现了一位很有气魄和胆识的将才。于是，他正式任命孙武为大将军。

孙武说话算数，执法如山，树立了军法的信用，这是他重要的治军之道。

## 腹䵍信守墨家原则

信犹五行之土，无定位，无成名，而水金木无不待是以生者。

——朱熹

腹䵍是战国时代墨家学派的一位大学者。公元前 337 年，秦惠王继承了王位，一心想使国家更加强大，于是他把腹䵍请到宫中，征求意见。

腹䵍说："我们墨家的原则是，一要根据古代圣王的先例行事，例如大禹，他勤劳为民，治理洪水，为人民做了大好事，人民就拥护他；二要了解当前百姓的需要，符合人民需要的主张，都能得到人民的拥护；三要制定政治措施，才能将国家治理得井井有条。"

秦惠王说："先生提出的这三条原则很好。现在我再请教您……如果有人打架斗殴，怎么处理？如果杀了人，又该怎么办？"

腹䵍说："我们墨家主张'兼相爱，交相利'，也就是说：人和人之间要互相爱护，在友好交往中，共同得到最大的利益。因此，我们墨家最反对打架斗殴致伤人命。如果出现了这样的情况，我们的原则是‘杀人者死，伤人者刑’，也就是说，要分别处以死刑或徒刑。”

秦惠王说：“先生这一席话，使我心中有数了，为了秦国社会的安定，我要向全国人民宣布‘杀人者死，伤人者刑’！”

一天，两名军士来到腹醇家中，腹醇的儿子见了，吓得浑身发抖，直喊：“爹爹救我！”腹醇问：“怎么回事？”两名军士说：“禀告先生，您家公子打架斗殴，出了人命，所以要捉拿他！”腹醇说：“儿呀，果真这样的话，为父也没法解救你了，你跟他们去吧！”

腹醇眼看着军士给自己的儿子上了枷锁带走了，心里十分难受，因为这是他的独生子啊！没想到不多久，儿子轻轻松松地回家了，说：“爹爹，大王降恩放我回家了！”

腹醇一想，不对！他整了整衣冠，就去求见秦惠王。秦惠王说：“先生是为您儿子的事来的吗？我已经下令把他释放了，没事了。”腹醇说：“大王啊，我的确是为我儿子的事来的，但不是为了释放他，而是想问清楚：为什么释放他？”

秦惠王听了觉得十分奇怪，说：“先生啊！这不是明摆着的事吗？您都已经这么大把年纪了，又只有这么一个儿子，您又是我所尊敬的先生，国家大事我还需要借重先生的智慧和经验，我有什么理由不开释您家公子呢？”

腹醇严肃地说：“大王啊！我十分感谢您的好意。但是，我们墨家之所以主张‘杀人者死’，是为了禁止乱杀人，之所以主张‘伤人者刑’是为了禁止乱伤人。禁止随意杀人伤人，这是治理国家的大原则。现在，大王虽然赦免了我那犯罪的儿子，可我却要信守我们墨家学派的治国原则！”

尽管腹醇只有一个儿子，但他犯了杀人罪，最后还是在腹醇的坚持之下被处死了。

# 赵奢秉公办事

正直者顺道而行，顺理而言，公平无私，不为安肆志，不为危易行。

——韩婴

赵奢年轻的时候，曾担任赵国征收田税的小官。官职虽小，可赵奢忠于职守，秉公办事，不畏权势。他说，为官者当以国家为重，依法办事。

一次，赵奢带着几名手下到平原君家去征收田税。这平原君名叫赵胜，是赵国的相王，又是赵王的弟弟，位尊一时。平原君的管家见赵奢前来收税，根本就不把他放在眼里。管家态度十分骄横，蛮不讲理。他召来一伙家丁，把赵奢和几个手下人围了起来，不但拒交田税，还无理取闹。赵奢十分气愤，他大喝道："谁敢聚众闹事，拒交国家税收，我就按国法从事，不论他是谁!"管家仗着自己是平原君家的要人，对赵奢的话不以为然。结果，赵奢真的依照当时的国家法律，严肃地处理了这件事，杀了平原君家包括管家在内的9个参与闹事的人。

平原君知道这件事后，大发雷霆，扬言要杀掉赵奢。很多人都劝赵奢赶快逃到别国去躲一躲，免遭杀身之祸。

可是赵奢一点也不害怕，他说："我以国家利益为重，依法办事，为什么要逃避?"他主动上门到平原君家去，用道理规劝平原君说："您是赵国的王公贵族，不应该放纵家人违反国家法令。如果大家都不遵守国家法律，都拒不交纳国家田税，那国家的力量就会遭到削弱。国家一削弱，就会遭到别国的侵犯，甚至还会把我们赵国灭掉。如果到了那一天，您平原君还能保住现在这样的富贵吗？像您这样身处高位的人，如果能带头遵守国家各项法令制度，带头交纳田税，那么上上下下的事情就可以得到公平合理的解决，天下人也会心悦诚服地交租纳税。那么，国家也就会强盛起来。国家强盛，这其实也是平原君您所希望的呀。您身为王族贵公子，又担当相国重任，怎么可以带头轻视国家法令呢？”

一席话，说得平原君心服口服，也对赵奢以国家利益为重、秉公办事的态度十分赞赏。他认定赵奢是个贤能的人才，就把赵奢推荐给赵王，赵王命赵奢统管全国赋税。

打这以后，赵国的税赋公正合理，适时按量收缴。谁也不徇私情，国库得到充实，老百姓也富裕起来。

赵奢不畏权势，秉公执法，如果人人都这样，何愁国家不强盛？

## “强项令”董宣

> 最好不是在夕阳西下的时候幻想什么，而要在旭日东升的时候即投入工作。
>
> ——谢觉哉

董宣，字少平，汉陈留郡圉县（今河南陈留东南圉镇）人。做过北海相、江夏太守，为官清廉，执法严明。

董宣在任北海相时，请当地很有势力的豪强公孙丹当郡中的武官。这下，公孙丹更加肆无忌惮，横行霸道。他准备建造自己的新住所时，请来的算卦先生说“当有死者”，因而，在破土动工前，他就让自己的儿子把一个过路的行人杀了，把尸体埋在房基地下，以求逢凶化吉。

董宣知道此事后，立即派人捉拿公孙丹父子，斩首示众。公孙丹的亲信30多人不服，拿着兵器向董宣示威。董宣查明这一伙人的罪行，将他们逮捕入狱，后来又顺从民意，把他们全部斩首，以平民愤。

这样一来，董宣惹怒了他的上司青州太守。于是一纸奏书上去，将董宣等9人关进监狱，判处了死刑。就在刑场上轮到董宣受刑时，光武帝的特使火速赶到，宣读圣旨，命令把董宣等人送进监狱。接着光武帝又派人了解事情原委，当他得知真相后，确认董宣没有错，下诏书赦免了董宣，并封他为宣怀令。

当时，令光武帝很烦心、很恼火的一件事是：住在京城的皇亲国戚，专横跋扈，连奴仆们也倚仗主子的权势胡作非为，地方官都不敢管。为了改变这种状况，光武帝就任命董宣为洛阳令，以此约束皇亲权贵的不法行为。

董宣认为，执法贵在一个“严”字。朝廷制定王法，不能只管老百姓，就是豪门贵族、皇亲国戚犯法，也同样要严加制裁。他在做洛阳令期间，严格执法，力抑豪强，京师震悚，被人们称做“卧虎”。

董宣到任不久，就碰到了一件棘手的案子：光武帝的姐姐湖阳公主的一个家臣在外边杀了一个人。按照王法，杀人者应当抵命。

董宣心想：要是湖阳公主的家臣杀了人就不治罪的话，那怎么能治理好京师呢？但是，他又没有办法到湖阳公主那里去捕人。于是，他就带人天天在外边等着那个家臣出来。

一天，湖阳公主坐着马车出游，跟随她的正是那个家臣。董宣看到后，立即叫衙役上去拦住公主的车驾，抓捕了那个家臣。

湖阳公主觉得董宣在光天化日之下这么做有损她的尊严，因此怒不可遏，大声斥责说：“大胆洛阳令，你有几个脑袋，竟敢拦我的车子，抓我的家臣！”

董宣毫不畏惧，他拔出宝剑来往地上一划，当面责备公主不该放纵家臣杀人，并掷地有声地说：“杀人者抵命，这是朝廷的王法。您的家臣也不能例外！”说着，就让衙役把那个家臣拖下来立即杀了。

这一下可把湖阳公主气坏了。她马上赶到宫里，向光武帝哭哭啼啼诉说董宣怎样欺侮她，要光武帝好好教训教训他。光武帝听了，也怪董宣不该冲撞公主。

光武帝立即召董宣进宫，吩咐人当着公主的面用刑杖杖打董宣。董宣沉着镇定地说："我请求说完话再死！"光武帝怒气冲冲地问："你还有什么话说？"

董宣昂首挺胸，义正词严地说："陛下中兴汉室，其德业可谓至高无上，但却放任家臣乱杀无辜良民，还将凭什么去治理天下呢？您用不着打，请准许我自杀！"说着就用头撞击殿柱，顿时血流满面。

光武帝赶紧叫小太监拉住董宣，要他不要再撞了，同时吩咐他给湖阳公主磕个头，认个错，顾全一下公主的面子。但是董宣不肯。小太监就把他的头往下摁，董宣则两只手撑着地挺着脖子，就是不低头认错。

机灵的小太监明白不会真的把董宣治罪，也为了给公主留个面子，就大声回话说："回皇上的话，董宣的脖子太硬，按不下去！"光武帝听后，笑着对湖阳公主说："董宣的脖子很硬，你看怎么办呢？"

湖阳公主知道光武帝是在袒护董宣，不满地对光武帝说："您当平民的时候，也暗藏过逃亡和犯罪的人，官吏们都不敢上门来找；现在您贵为天子，威权就不能行使在一个小小的县令身上吗？"

光武帝又笑了笑，说："就是因为我当了天子，所以不能再像过去做平民时那样干了。现在我要考虑如何治理国家，考虑如何取信于民。"接着，就下令让这个硬脖子的县令出去了。

为了嘉奖和支持董宣执法严明，光武帝赏赐给董宣钱30万。董宣自己分文未留，把这30万赏钱全部分给了手下的官吏。

此后，董宣在光武帝的支持下，依法严厉打击那些骄横霸道的不法之徒，就是贵族豪门，以至皇亲国戚，也不敢不收敛了。他自己也威名大振，被人们称为"强项令"。

董宣居官清廉，直到74岁死在任上。董宣死后，光武帝派使者前去吊唁，使者看到董宣的尸体用布被裹着，家中只有一辆破车，几斗大麦。光武帝得知这一情况后，感慨地说："董宣这样廉洁，到他死了我才知道！"于是，下令以大夫的规格安葬了他。

## 盖勋公私分明

人们的举止应当像他们的衣服，不可太紧或过于讲究，应当宽舒一点，以便于工作和运动。

——《培根论说文集》

东汉末年，汉阳郡长史（太守的属官，辅佐太守，掌一郡兵马）盖勋到任不久，梁州刺史梁鹄即来求见。

寒暄之后，话即转入正题。

"盖大人，某有一事请教。"

盖勋忙道："不必客气，梁大人请讲。"

"是这么回事，"梁鹄靠近盖勋，附耳低声说道，"武威郡的一个小吏前日呈状告发他的上司何太守，说他贪赃枉法，草菅人命，盖大人你看怎样处置？"

"罪证可是确凿？"盖勋问道。

"罪证到也确凿，只是……"梁鹄说到这里，把话停住，眼望着盖勋，观察他的反应。

"只是什么？既然罪证确凿，理当呈报上司，按律论处！"

"唉！盖大人难道不知道，这武威郡的何太守乃是太后的内亲……"

"这我知道！"

"可是盖大人知道那小吏是谁吗？"

“倒也不知。”

“他就是苏正和!”

“什么!”

一听是苏正和，盖勋陡然色变，一下迟疑了起来。

这苏正和是什么人？为什么盖勋一听到是他便神色大变？

原来这苏正和过去曾为一件私事与盖勋结下冤仇，盖勋一直怀恨在心，总想寻机报复，现在机会来了，可是这件事该怎样处理呢？

盖勋侧身问梁鹄：“梁大人你看这件事怎样处理才好呢？”

“盖大人，”梁鹄说道，“何太守朝中有人，得罪不得，我想不妨给那苏正和诬告上司之罪，投入牢狱，然后……”说到这里，声音更低了。

盖勋一下明白了，梁鹄因怕得罪权贵，丢掉乌纱帽，便设下这杀人灭口之计，来找他商量，是要与之合谋，日后好互相包庇，便冷笑一声，说道：“梁大人老谋深算，果真名不虚传啊!”

梁鹄洋洋自得地说：“不敢当。只是这样一来，既可为何太守开脱，又可为大人报仇，真可谓一箭双雕啊!”

“糊涂!”大出梁鹄意料，盖勋一下发起怒来，“苏正和秉公行事，告发赃官，光明磊落，怎么能因他是我的仇人便不分良莠，欲置他于死地呢?”

“这……”梁鹄一时不知说什么好。

盖勋接着说：“梁大人，你这样做，难道于心无愧么?”

盖勋这样一讲，圆滑的梁鹄急忙陪笑，改口说道：“盖大人说得极是，怎能诬良为奸，颠倒黑白呢！卑职回去，立即秉公审处此案。”

梁鹄回衙后，果真将何太守缉拿归案，但后来还是从轻发落，并未定罪。

不久，苏正和知道了这件事，他非常感激盖勋的宽宏大量，特地去登门拜谢。

不料，苏正和吃了一顿闭门羹。盖勋传话出来：“公事是公事，私仇是私仇，我不是庇护你苏正和，而是维护法纪，你别以为我已经忘却了对你的仇恨!”

# 史弼不愿捕风捉影

为政者，不赏私劳，不罚私怨。

——《左传》

东汉后期，官吏和大学生中出现了一种评品人物的风气，叫做“清议”。国子监大学就是清议的中心。这种清议，实际上是讨论朝廷政治得失的舆论，起着左右官僚升迁前途的巨大作用。大学生评道：“天下楷模李元礼（李膺），不畏强御陈仲举（陈蕃）。”不畏宦官的正直官吏，被加上三君、八俊、八顾、八及、八厨等美名。这种清议，使宦官大为恼火。宦官指使张成的弟子牢修诬告李膺，说他“用金钱养着一群大学生，又结交各郡国的郡学生员，结成了一个党，大肆诽谤朝廷，搅乱了风俗”。公元166年，汉桓帝下诏令，在全国各郡国逮捕“党人”，并且认定“党人”是叛逆大罪，贴出布告，号召全国上下同仇敌忾，共同搜捕。朝廷还派出了大批的使者，悬赏捉拿“党人”。有的官吏借这个机会公报私仇，举发自己不满意的人是“党人”，反正这一项罪名又不需要任何证据。有的地方官吏被宦官催得无奈，只好胡乱抓几个毫无关系的读书人去交差。

其他郡闻风而动，独有平原郡纹丝不动。平原郡的行政长官是平原相，这时的平原相名字叫做史弼。史弼接了朝廷的诏令，当然不敢怠慢。他看了诏令的内容，忍不住一阵恶心。“又是宦官搞的！”他对从事说，“如今当官，倒成了太监的家生奴隶了！上头一不开名单，二不列罪状，却要下面‘立即缉拿归案’。给他们说，平原郡没有党人！”从事劝说道：“那些不会长胡子的男人怎能听得进这话！依属下看来，大人何不召集各县的大小官吏来这里一同商量?”史弼认为从事的办法不错，就下令召集属官来郡议事。当平原郡的督邮、县令、县尉、县丞都全部到齐的时候，史弼对他们说：“我们平原郡在山东半岛，隔京城洛阳八帽子远，所以我也是消息闭塞，从来没有听说过有什么党人不党人。郡学里的学生，又都是些一心苦读圣贤书的读书人，我也不听说他们与国子监、大学生有什么来往。如今，朝廷要我们平原郡抓‘党人’，这可难住我了。不知列位可知道本郡有些什么党人，他们有些什么罪恶活动吗?”属官们都知道郡守大人的一贯作风，听他这么一讲，人人都表态说“从来也没有听说过有‘党人’，更不知道党人的所作所为”。史弼听了很高兴，就叫大家抄了诏令去各处张贴，叫从事根据实际情况拟好奏章呈报上去。

平原郡的报告在朝廷通不过。宦官操纵尚书台三令五申，语气一次比一次强硬，一定要平原郡抓捕党人，否则将以“抗旨”论处。史弼横下心不理那一套，一次又一次的上报声称“平原没有党人”。平原郡属于青州部(治所在今山东省淄博市)这个监察区，青州刺史只好亲自到平原郡的治所平原县（今山东省平原县西南）来守着。他问史弼：“朝廷急于收捕党人，几次向平原下达命令。大人迟迟按兵不动，不知是什么意思?”史弼气愤地回答说：“郡里多次上书秉呈：平原没有党人！刺史大人难道从未看过平原的呈文?”刺史声色俱厉地说：“平原地处齐鲁，邻近孔子的故乡，自古以来都是通达之地，儒学生员、达官贵人众多。大人说平原没有党人，敷衍得过去吗?”史弼大声笑道：“有就是有，没有就是没有！大人要我去捕风捉影，我却没有本事变出来!”刺史气急败坏地说：“可总不能说一个没有呀！如今你们平原已经在朝廷挂上了号。你不交出党人，你、我怎么向朝廷交差?像司隶校尉这样的大官都已被朝廷收捕，大人如果再拖下去，恐怕平原郡的大小官吏都会被当作党人逮捕。到时候，大人可别来怪罪我。我这话是有来头的，请史大人三思!”

过了几天，几个下属官员来找郡守，要求史弼把他们当作“党人”收捕入监。他们说：“我们几人都是在国子监肄业后才出来做官的，现在刺史派人来分别警告我们，说：‘如果平原郡再不交出党人，将把郡守和全部属官当作党人逮捕。’史大人为官清正，在平原郡享有盛誉，平原郡不能没有您。因此，我们请求史大人把我们几个人当作党人交出去。反正只要有史大人在，相信我们会有昭雪的一天。”史弼听了后深受感动，激动地说：“各位愿意牺牲自己保全一郡，我代表平原郡向你们深深致谢。不过，我平生痛恨弄虚作假，如果我现在卖友求荣，那我就与那些不长胡子的臭男人成了一路货色，变成不齿于人的臭狗屎了。此法不妥，此法不妥啊！各位歇息去吧，我自有道理。”

又过了几天，刺史见平原郡毫无动静，又跑来找史弼了。他说：“史大人！青州六个郡，其他五郡都不用操心，就剩平原郡了。大人要我等到什么时候啊？”史弼不咸不淡地说：“是啊，青州六郡，其他五郡大人您都看不中，就盯上我这平原郡了。”刺史无可奈何地说：“不是我有意跟史大人过不去！其他五个郡都已经收捕了党人解上京了，偏偏平原郡说是没有党人。”史弼仰天大笑，说道：“这就怪了？高祖皇帝创立汉家基业，划分天下为十三州、四十一郡，凭的是各地风土人情、民俗出产各有差异，并没有把‘党人’按郡国州县来平均分摊。所以，即使其他五郡都有党人，平原郡为什么一定要有？大人硬说是有，为什么不开列名单、拟附罪状来交给我办？”刺史瞠目结舌，喘了几口粗气才摇手说道：“好，好。我说不过你！下官只好把平原的事情交给中常侍（宦官的高级职务）处理，史大人等着吧！”

过了几天，史弼和其他的官员都被校尉逮捕，关进囚车解往洛阳。平原郡的郡学生员和众多的官吏、百姓都赶来送行，到处传扬着史弼不愿捕风捉影的美名。

# 曹操自刑

其身正，不令而行；其身不正，虽令不从。

——《论语》

曹操，字孟德，小字阿瞒，沛国谯郡（今安徽省亳州市）人。我国东汉末年著名的军事家、政治家及诗人。为了维持统治的秩序，保持内部的一致，增强军队的战斗力，曹操十分重视纪律，并常常带头遵守。他是一个言出法随、令行禁止的人，这也是他在政治、军事方面经常取胜的原因之一。

一次，曹操亲自统领大军去打仗。行军的路上，看见路边的麦子都已经成熟了。原来老百姓因为害怕士兵，逃到外边，不敢回来收割麦子。

曹操派人挨家挨户告诉村里人和各处看守边境的官吏，说："我奉皇上旨意，出兵讨伐叛逆的贼人，为民除害。现在正是麦子成熟的时候，只要有践踏麦田的，就斩首示众，说到做到。父老乡亲们请不要害怕。"

老百姓们开始都不相信，仍旧躲在暗处观察曹操带领的军队的行动。

经过麦田的官兵，都下马用手扶着麦秆，小心地蹚过麦田，这样一个接着一个，相互传递着走过麦地，没一个敢践踏麦子的。

老百姓看见了，没有不欢喜称颂的，望着官军的背影跪在地上拜谢。

曹操骑马正在走路，忽然，田野里有一只鸟惊叫着飞起来。曹操骑的马受了惊吓，一下子蹿入麦田中，践踏坏了一块麦田。

曹操立即叫来随行的官员，治自己践踏麦田的罪行。官员说："怎么能给丞相治罪？"

曹操说："我亲口说的话，我自己都不遵守，还有谁会心甘情愿地遵守呢？一个不守信用的人，怎么能统领成千上万的士兵呢？"随即抽出腰间的佩剑，想要自刎。众人连忙拦住。

这时，大臣郭嘉走上前说："古书《春秋》上说，法不加于尊。丞相统领大军，重任在身，怎么能自杀呢？"

曹操沉思了好长时间，才说："既然古书《春秋》上有'法不加于尊'的说法，我又肩负着天子交给我的重要任务，那就暂且免去一死。但是我不能说话不算话，我犯了错误也应该受罚。"

于是，曹操用剑削断自己的头发，扔在地上，说："那么，我就割掉头发代替我的头吧。"

曹操又派人传令三军："丞相践踏麦田，本该斩首示众，现在割掉头发代替。"

现在的人觉得剪头是件很正常的事。可是，当时的人认为，"身体发肤受之父母"，头发是从父母那里继承来的，随便割掉头发是大逆不道的事情，是不孝的表现。因此，在当时的人看来，曹操当众割头发和割脑袋没什么两样。

曹操就这样用诚信赢得了士兵和百姓的信任。

## 李离错判自罚

> 言忠信，行笃敬。
>
> ——《论语》

李离是晋国执掌司法的大臣，他是一个秉公执法的人。有一次，他在判案中，错杀了一个无辜的人，按照律例，必须处以死罪。李离依法办案，决定自罚。晋文公想赦免他，但李离竟然一再主动要求处以死罪，他甚至不愿走出监牢，还写了一份言辞恳切的奏章，讲明道理，说自己是执法大臣，更应该以身作则，恳请晋文公治自己死罪。晋文公愁容满面，对此事不知如何是好。太监为他出了个主意：找丞相去说服李离。

丞相到了监牢，听说李离已经绝食三天了。他想出一个好办法：以喝酒为名，劝李离吃东西。果然，他略施小计就轻而易举地使得李离进食了。但是，他想劝说李离放弃自罚的目的却没有达到，李离像中了魔似的，求死之心不可动摇。

一计不成，晋文公只好自己出马了。他亲自来到牢房，紧紧地抓住李离的手："本王命你掌管司法以来，社会安定，这是晋国之幸，更是百姓之幸。你责任重大，出点小错在所难免，何必要像处置下级官员一样自罚？"李离义正词严地说："国家之典律，理应共同遵守，'王子犯法与庶民同罪'，身居司法高职，又怎能知法违法？我意已决，还请大王发落吧！"晋文公无言以对，只好作罢。

无奈之下，晋文公只好顺从了李离的意愿。正当他犹疑地要下令的时候，宫门外聚集了许多的民众为李离请愿。人们振臂疾呼："李大人清正廉洁，大王不可杀他！""人非圣贤，孰能无过？"晋文公把自己的无奈说给百姓听，一个老百姓想出办法：让李离错判的受害人妻子出面，恳请李离不要自罚。晋文公有些为难：人家刚刚死了丈夫，怎么愿意做这种事呢？这时，却见一女子拨开众人，上前来说："我愿意随同前去！"此人正是受害人的妻子钟氏。

李离一见钟氏，立即跪倒在地。钟氏劝慰李离："人死不能复生，你又何必过分自责！大人是国家栋梁，只要大人为民众请命，夫君在天之灵也一定会原谅的！"李离却说："我李离知法又怎能违法，你回去吧！"钟氏告诉李离全城百姓都跪于宫门外，等待大人走出监牢。李离听了此话，犹豫了一下，走了出去。宫门前跪满了民众，强烈的阳光照射在广场上，人们头上冒出滴滴汗水。晋文公看见李离走了出来，不禁笑道："看来寡人的脸面竟不如一名村妇!"

李离赶忙对百姓们说道:“各位乡亲，快请起来。”但大家却一动不动，其中有一人说:“大人若不答应放弃自罚，我们就跪地不起。”李离答应了大家，他说:“我扪心自问，并无大功，却得大家如此厚爱，倍感不安。然一旦若执法不严，执法者违法，则典律何以服人?”说着，迅速从一侍卫腰间拔出宝剑，架在自己脖子上，说:“我深受大王之恩，感谢各位乡亲之情，然我无以为报，既然大王不肯批复，我唯有自刎以儆效尤。”宝剑“啃”的一声落地，李离也应声倒下。晋文公抚尸大哭，民众也失声痛哭。

## 隋文帝严惩恶子

时刻发现自己的错误，大胆率直地承认，敏捷勇敢地更改。

——恽代英

隋文帝杨坚登上皇位后，常常教育自己的孩子要勤政爱民，注意节俭。他还特别告诫孩子说:“治理国家，必须树立法制的权威，取信于民。我朝的法律任何人都必须遵守，不管是谁犯了法，都要受到惩处。”

隋文帝杨坚有5个儿子，他们分别叫杨勇、杨广、杨俊、杨秀和杨琼。三皇子杨俊在平灭位于江南的陈朝、结束中国南北朝长期分裂局面的过程中立了大功，被封为秦孝王。他既是功臣，又是皇胄，觉得国法是管不到自己头上的，于是就放纵自己，胡作非为。他和他的手下仗势欺人，霸占别人田产，抢夺百姓妻女，而且放债求利，下层官吏和百姓深受其苦。

隋文帝听说三皇子杨俊干了许多违法乱纪的事，勃然大怒，立即派人查办此事。开始时，他还念及父子之情，只是惩办了杨俊的手下（因此受株连的有一百多人)，以为这样可以使杨俊有所收敛。

谁知杨俊恶习难改，他不仅依然我行我素，而且竟依照皇宫的规格来营造自己的王府，奢侈华丽到了极点。同时还从民间搜罗了大量的美女、歌妓，供其寻欢作乐。

隋文帝见杨俊如此奢侈腐化，再也无法容忍了。他深切地认识到，如果再对杨俊庇护宽大，就会有更多的人效尤，以致危及隋朝的长治久安。正是出于这样的考虑，隋文帝断然下令削去杨俊的官职，先将其软禁起来，再依法惩处。

这件事在朝中引起很大的震动。左武卫将军刘升以为这只是隋文帝的一时气愤之举，等气消了就没有事了，于是就向隋文帝进谏说："秦王功劳很大，现在只不过是多花了朝廷几个钱把王府修整一下，也算不了什么大错，臣以为可以宽容，教育教育也就算了，还是恢复他的官职吧!"

隋文帝说："国家的法律是不能违犯的。皇子犯了法，也必须受到惩处。"刘升还是一个劲地为杨俊求情，劝隋文帝恢复杨俊的官职。直到隋文帝脸上显出愤怒的样子，刘升才停止了劝谏。

这之后，朝廷重臣杨素也来进谏，说秦王虽有过错，但不应受到这样重的惩处，请隋文帝仔细斟酌，对杨俊手下留情。隋文帝对杨素说："王子犯法，与民同罪。我是五个儿子的父亲，如果按照您的意思办理，那为什么不对皇帝的儿子特别制定一套法律呢？我倒是想赦免他，可是国法饶不了他啊！过去，周公还诛杀其弟管叔和蔡叔呢，我诚然远远不如周公，但也不能损害法律啊!"杨素听了隋文帝的这一席话，也就不好再说什么了。

三皇子杨俊听说父皇拒绝了大臣们的请求，知道自己罪不能免，又急又怕，吃不下，睡不安，很快就病倒了。他在病中给父皇写了封认罪书差人送去，请求从轻发落。

隋文帝对送认罪书的人说："你回去告诉俊儿，他犯的罪国法难容。我惩处他，心里也很难过，但只有这样做，才能使子孙后代有所警惕，不敢再胡作非为。不然的话，隋朝的天下会被很快断送的。"杨俊听了这话，病情加重，不久就死去了。

杨俊死后，隋文帝又吩咐把杨俊的府第充公。

## 言出必行的李光弼

不诚实诚无不动者，修身则身正，治事则事理。

——杨时

李光弼是唐代著名军事将领，他雄才大略，以智勇双全、治军严整著称，其军事指挥才能非凡，为人严肃、果断、刚正不阿。从幼年时期起，就善于骑射，步入军旅生涯后，他在治军管理和指挥作战方面，逐渐显露出卓越的才能，由于他治军严整，指挥有方，被郭子仪推荐当了河东节度副使。后来，他和郭子仪一起率军打败了安禄山就史思明，为彻底平息“安史之乱”作出了重大的贡献。

李光弼在统军作战期间，执法严明、军令如山、赏罚分明、威振三军。在一次战斗中，他所率领的部队中，有一员大将持利矛刺杀敌人，矛刺穿马的腹部，并刺中数名敌人，而同时也有迎战敌人的，不战而退。李光弼对以矛刺敌者赏绢五百披，不战而退者处以斩刑。他赏罚分明的治军方式使得部下和士兵在作战时能够奋勇争先，一往无前。

他的部下都知道他言必果、令必行，执行军纪军令严格无情。唐肃宗即位后，诏令李光弼担任户部尚书并率军赴灵武上任。当时太原节度使政令不行，由侍御使崔众统率驻军。肃宗诏令崔众，让他将兵权交给李光弼。然而，崔众却自恃自己是侍御使，仗着肃宗和朝廷中一些重臣的垂青，在军中狂妄自大，不可一世。过去还时常侮辱太原节度使，如今要他把军权交给李光弼，心中根本不服气。于是，他就想故意为难一下李光弼。他见到李光弼时，故意不行军礼，并表示不能即刻交出兵权，想给李光弼难看。李光弼对崔众的这种狂妄傲慢和违抗军令的行为感到非常的恼火，立即命令把崔众抓起来，准备以军法治罪。正在这时，唐肃宗又派来使者，传旨诏令崔众为御史中丞。李光弼的部下看到这种情形，就有人出来劝李光弼说："皇帝重用崔众，最好还是把他放了吧！"然而，李光弼则断然拒绝了部下的劝说，仍坚持按军法处置崔众。他正气凛然地说："崔众违抗皇上的诏令，故意不交出兵权，置军法军令于不顾，理应当斩，我现在要斩的是侍御使崔众，如果使者要宣布诏令，崔众纵然是御史中丞，官比我大，我也要依照国法军纪将其斩首。"说完，即刻命令军法官当众处斩了违抗诏令的崔众。肃宗派来的使者，十分敬畏李光弼的执法威严，始终没有敢把诏令拿出来宣布。

李光弼执法如山斩御史的消息不胫而走，全国上下反响强烈，在他统帅的军队中，将领和士兵个个受到很大的震动。而一些昔日里受崔众欺压的将士人人扬眉吐气，拍手称赞。全军也由此受到教益，从此以后，谁也不敢违背军令、军纪了。李光弼做指挥的唐朝军队被人誉为"铁军"。

正是因为李光弼带出了一支军纪严明的军队，在随后进行的太原保卫战中，李光弼才能以少胜多，以自己不到1万人的军队打败了史思明率领的10万军队，取得了防御作战的胜利。在这场战斗中，李光弼用弱势军队先后杀伤了叛军7万多人，不能不称是军事史上一个成功的战役，他的胜利也为扭转整个战局起了重要的作用。

# 海瑞惩奸拒贪

口能言之，身能行之，国宝也。

——《荀子·大略》

明世宗嘉靖三十七年五月，以刚正清廉名闻当时的海瑞，由福建南平教谕（县里主管文教的官员）升任浙江淳安知县（一县长官）。淳安地处山区，重岩叠嶂，土地硗薄，除茶竹杉柏外，别无所产，百姓终岁饥寒。而淳安又地处新安江下游，官船一日数至，仆役迎送，花费浩大。有的官员乘机勒索，更使百姓如置身于水火之中，度日艰难。海瑞为此忧心如焚，日夕难安。有人劝海瑞给上司馈送银两，以图升迁京官，否则就会大祸临头，连县令职位都保不住。海瑞断然拒绝说："我宁愿充军砍头，也决不为一己之私利做这种误国害民的卑劣事情。"

不久，奸相严嵩党羽胡宗宪的儿子路过淳安，驿吏遵照海瑞要廉洁奉公、节省驿费的嘱咐，招待不够丰厚。胡宗宪的儿子以为海瑞有意轻慢，倚仗其父权势，竟叫人将驿吏吊打。海瑞闻知消息，十分愤慨，但对方是总督之子，来头不小，硬碰实为不利，必须想个良策才行。他在衙内来回踱步，苦思多时，终于获得了一条妙计。

第二天，海瑞亲带衙役，前往驿店搜查赃银。胡宗宪之子闻报，咆哮如雷。他倚仗父势，哪里把海瑞看在眼里，走出门来大声叫道："我乃总督公子，好你个海瑞，胆大包天，一个小小的七品县令，竟敢在太岁头上动土，你难道不怕丢官去职吗？"

海瑞疾言厉色地说："总督大人一向清廉自持，体恤民力，多次嘱咐接待过往官员，要力求简朴，勿事铺张。何方小人，竟敢假冒胡公子之名，勒索馈赠，吊打驿吏，真乃无法无天，衙役们，快给我搜!”

衙役们得到命令，立即冲入店中搜查，胡宗宪的儿子和家丁们哪里抵挡得住。不一会儿，衙役们从胡宗宪儿子的住房中搜出一千多两银子，海瑞便叫全部入官。回衙后，又亲写公文，向胡宗宪报告抓获“骗子”的经过及处理赃银的情况，并派人把胡宗宪的儿子押往杭州总督衙门，要求胡宗宪予以严惩。

胡宗宪得到公文，见海瑞在文中故意称赞自己是爱民如子、体恤民力的好官，要求自己严惩冒名行骗勒索害民的儿子，哭笑不得，脸上红一阵，白一阵、半晌不语。他恨不得马上把海瑞抓来痛打一顿，以除恶气，但把柄已在海瑞手中，传扬出去，有碍官声，只好强抑怒火，忍气吞声，以后再设法报复。

此事过后不久，严嵩的干儿子鄢懋卿又以副都御史（都察院副长官）的身份出京，经理东南盐课。他借此机会大肆敲榨勒索，仅扬州一地，即搜括银子二三百万两。到杭州后，众官均极力逢迎，献送厚礼，盛宴接待，一掷千金，还点选美女作他侍妾。他坐的八人大轿，轿夫多达一百多人。沿途吏民闻他将至，比遇到倭寇登陆还害怕。可是他贪婪无耻至极，还要伪装廉洁君子。刚进入严州地界，即命人牌示各县：“素性简朴，不喜逢迎，饮食供帐，俱宜俭朴为尚，毋得过多华侈，靡费里甲。”

海瑞早闻鄢懋卿贪鄙之名，怕他来县勒索，侵扰百姓，便派人送上禀帖：“县小民贫，不足奉迎大驾。书吏贪索，有损大人爱民清名。照牌示办事，又恐难辞简慢之罪。事正两难，望乞明示。”鄢懋卿接到禀帖，勃然变色。他本欲亲到淳安，示以颜色，继而想到牌示已出，言行相悖，如揭露出去，诸多不便。又闻海瑞刚直孤傲，胡总督公子尚为所惩，自己也犯不着去硬碰钉子，于是便绕道他去，未到严州。

严州知府见鄢懋卿不来严州，认为是海瑞闯下大祸，怕自己受到牵连，十分恐惧，等到海瑞去禀见时，他便拍桌大骂：“你小小县令，竟敢得罪上官，岂不是自找死路么?”海瑞也不申辩，待知府怒火平息后，方作揖告退。

事过多日，知府未见鄢懋卿报复，悬心方落，笑对海瑞说：“前次错怪了你！淳安百姓又脱一难，真是大幸。”淳安百姓后来闻知此事，都赞扬海瑞是不畏权贵、爱民如子的好官。

后来，胡宗宪，鄢懋卿怀恨在心，与巡盐御使（奉皇帝命到江南巡察盐业，纠弹地方官吏过失的督察官）袁淳密谋，要他多找海瑞差错，乘机报复。袁淳便奏劾海瑞“倨傲弗恭，不安分守”。海瑞终于削职调京。临行之时，淳安百姓感念海瑞爱民之德，便请任刑部郎中（掌管国家法律，刑狱事务的中级官员）的淳安人徐廷绶执笔写了《海刚峰先生去思碑》，并刻石留念。

## 戚继光审舅

> 应该热心地致力于照道德行事，而不要空谈道德。
>
> ——德谟克利特

明嘉靖三十二年夏初，刚刚30出头的戚继光被委任为署都拾指挥佥事（官名），由蓟州（今属河北省）调到山东半岛担负防御在沿海一带大肆骚挠的倭寇的重任。

戚继光来到海防前哨后，发现这里各个兵营哨所的纪律极为松弛，常常发生拒不服从军令的事。

没有严格军纪的军队怎能打仗？戚继光决定对队伍进行彻底整顿。

军中有一个队长是戚继光的小舅，此人历来放荡不拘。戚继光调来后，他以长辈自恃，更是飞扬跋扈，狂饮滥醉，辱骂士卒，破坏军纪，为所欲为。

戚继光决定从他开刀。一天，他把这个人找来，严肃地对他说："舅父，你可知道，国有国法，军有军纪！"那人大模大样地回答："老舅我当兵多年，怎么会不知道？你也不用问我这些。"戚继光冷笑了一声，说道："那你为什么要明知故犯呢？"那人一直以为戚继光是他的外甥，不会把他怎样，因此，仍是一副不理不睬的样子，说道："我这个队长当得好好的，犯了什么法了？"戚继光见他一副傲慢的样子，陡然变色，一下站了起来，厉声说道："作为你的外甥，我理应尊敬你，但作为你的长官，我却不能宽容你这种目无法纪的放荡行为。你不用狡辩，违反军纪之事，我早有详细记载！"说完，便命侍卫取出一本记事簿，一条一款地把他小舅在何时何地发生的乱纪之事念了出来。念毕，厉声问道："你可知罪？"小舅一下子蔫了，低声下气地哀求道："求你看在舅甥的情份上，宽恕我这一次吧！""不能正己，焉能正人？我宽恕了你，又怎能管教各营将士？"戚继光严正地拒绝了他小舅的乞求，按军法规定，命伍卒将小舅拖下去打了40大板。

从此以后，这个队长循规蹈矩，再不敢违抗军纪了；其他各营兵卒见戚继光铁面无私，执法严厉，也都严格要求自己，破坏军纪的事大减，军队的作风大变。

成继光在他写的论带兵之道的《纪效新书》中有这样一段话：

"赏罚军中要柄，若该赏处，就是要害我的冤家，有功也是赏，有患难也要扶持看顾；若犯军令，就是我的亲子侄，也要依法施行，决不干预恩仇。"

# 表里如一

## 许由隐居记

信以立志，信以守身，信以处世，信以待人，毋忘立信，当必有诚。

——潘序伦

在上古时候，君主是由老百姓选出来的，他们之所以能够被选上，是因为他们既能干，又公正，能够勤勤恳恳地为大家办事情。所以，在那时候，当君主是一件苦差事，既没有什么特殊的享受，还要白天黑夜地奔忙。

当时，有一位君主叫尧，他对待老百姓非常仁厚，做每件事都要先替老百姓打算，而自己却吃野菜羹，穿最贱的鹿皮衣。他居住和办公的“宫”，除了大一些以外，也和老百姓的房子没有多大区别。在尧的治理下，老百姓安居乐业，丰衣足食，生活得非常愉快。

可是，尧到了晚年，有一件事很让他伤脑筋。他想到自己年龄越来越大，精力越来越不行，是该找个人来接替自己的时候了，可是一时间还找不到合适的人。那个叫虞舜的小伙子虽然很不错，但毕竟还太年轻。前些日子，尧刚把自己的女儿娥皇和女英嫁给舜作妻子，希望她们能帮助舜努力工作，勤奋学习，使舜将来能成为治理天下的人才。不过，眼下舜还年轻，远水解不了近渴啊，必须立刻开始寻找接班人。否则，自己一旦躺倒，老百姓的事情就没有人去办了。

第二天，尧就把大臣们都叫来，对他们说："现在我已经老了，好多事情我办起来已经力不从心。虽然说新君主要老百姓来选，可咱们做公仆的，必须先找到合适的候选人，百姓才好选择呀。几年前，我曾经请那位叫巢父的高人来接替我，可他不愿意，也不知躲到哪里去了。现在你们看看，还有什么合适的人选吗？"

大臣们议论纷纷，因为这是选择新的君主，必须才干和品德都好的人才能胜任。所以谁也不敢贸然推荐。过了一会，老臣羲和忽然说："听说许由这人很有才干，可没有和他打过交道，不知道是否名副其实。"

尧猛地一拍大腿，叫道："嗨，你看我真是老糊涂了，怎么把这位高人给忘掉了！"

大臣们也纷纷赞成，都说这人名气很大，应该把他请来，看看他能否胜任。尧当即决定派人去请许由。

可是，派去请许由的人接二连三地失望而回。他们说，许由一听说是请他去接尧的班，连话都不说，就把他们打发走了。于是，尧决定亲自去请许由。

尧来到许由家里，一看许由，原来是个 50 多岁的小老头，身材不高，却长得挺精神，只是态度很高傲。

尧谦恭地对许由说："许先生，俗话讲得好，日月已经升上天空，一支火把还想发出光亮，这不是太困难了吗？春雨已经降临，还要靠担水去浇灌，不是白费力气吗？先生您就如同日月，如同春雨，一旦站出来，必然会天下大治。可是现在我还有劳无益地占着君位，实在问心有愧。请先生为百姓着想，代替我来君临天下吧！"

许由冷笑一声答道："您不要再说了，我是不会当什么君主的。您治理天下多年，已经挺有成绩了。这时候让我来代替您，难道是让别人来议论我是求虚名的人吗？要说我这人哪，就是只求实际，不图虚名。”

尧连忙说：“您为百姓而治天下，怎么会有人说您求虚名呢？人们只会赞扬您为百姓献身呀！”

“嗨！您怎么不明白我的意思呢！我对这种赞扬一点也不感兴趣。您见到鹪鹩这种鸟吗？它在深林中做巢，有一根树枝也就满足了；还有我们这里的鼹鼠，它喜欢饮河水，只要能喝饱一肚子河水，它就别无所求了。我也是如此，只要能够温饱就心满意足了。您说天下需要人去治理，这是你们的事情，与我毫无关系。打个比方说吧，厨师不做饭了，祭师即使饿着，也不会代替厨师去做饭的。”

不管尧怎么恳请，许由就是不答应，尧只好扫兴地回到都城。几天之后，有人来报告，说许由怕尧再去请他，不知跑到什么地方躲起来了。

许由跑到哪里去了呢？其实，他没走多远，就在颍水河对岸的箕山脚下住了下来。很快，就有人把许由的新地址告诉了尧。尧想：许由这样谦虚，不正是有真才实学的表现吗？我还是要想办法请他出来接替我。一下子办不到，我就分两步走。于是，他派人去请许由来当九州长的职务。当时，中国就称为“九州”。“九州长”实际上就是管理整个国家的负责人，只不过名义上不叫君主罢了。尧希望这样可以使许由答应出山，来治理国家。没想到，派去的人刚把这个意思说出来，许由就把耳朵捂起来，脸上一副痛苦的样子，嘴里不住地喊：“您不要说了！不要说了！这些话简直把我的耳朵都弄脏了！您回去告诉尧，叫他死了这份心。我许由一生不图虚名，只求安安乐乐，清闲自在地活着。快走！快走！”

等来人走远了，许由才把捂耳朵的手放下来，嘴里还在嘟囔着：“这些追求虚名的世俗之人啊，真叫我没办法。要我当什么九州长？这话听起来就叫人恶心！”

他一边说，一边不住地用手掏着耳朵，越掏越觉得耳朵被那些话弄脏了。“不行，我得去把耳朵洗洗。”于是他站起身，带上一顿干粮，锁上房门，走出来，向颍水河方向走去。一边走，还一边掏着耳朵。

路上有人看见许由这副怪样子，就问他出了什么事，他回答说：“嗨，别提了，尧派人来请我去当什么九州长，这些话真是俗不可耐，弄脏了我的耳朵，我要到颍水河边洗洗耳朵！”

人们听许由这么说，都觉得奇怪：怎么还有听人说话把耳朵听脏了的事呢？于是围观的人越来越多，大家议论纷纷，都摸不透许由的心思。

许由走了几十里路，来到颍水河边，他拣了块干净地方蹲下来，从河里捧起清凉的水来洗耳朵，先洗左边，又洗右边。洗了一会，他抬起头来，发现这里静悄悄地，一个人也没有。就停下来，打算歇息一会。忽然，他听见有人从远处走过来，越走越近，许由连忙又低下头去洗耳朵。

一个苍老的声音在许由身后响起来：“这位老弟在干什么呀？”

许由回头一看，见是一位须发皆白的红脸老人站在那里，手里还牵着一头小牛犊。许由看这老人不像一个普通人，就又把事情的经过讲了一遍。

不料，老人听完之后，哈哈大笑，笑得连胸前的白胡子都抖动起来了。这下子把许由搞得莫名其妙，连忙问老人为何发笑，老人却不回答，只顾牵着小牛犊向河的上游走去，一路走，还在一路笑着。

许由忽然想起，有人曾告诉我，这附近的山里隐居着一位老人，就是当年拒绝尧请他去当君主的巢父。这位老人在山中的大树上建了个小木屋，就像鸟巢一样。所以大家都称他“巢父”。

他连忙追上去问道：“莫非您就是那位德高望重的巢父老先生吗？”

老人仍然在笑，也不回答许由，只顾走路。许由又跑到老人前面，拦住去路，说道：“老先生只顾大笑，难道没有什么可以指教我的吗？”

老人这才停住笑，说：“我是在笑你啊！你就是那个许由吧！我原来听说你这人德行不错，可没想到，你也是个言行不一、追求虚名的人啊！”

许由不禁打了个愣：“您怎么会这么想呢？”

“你不必抵赖，你如果真是那么不愿当君主，干脆早点躲进深山，隐姓埋名不就完了吗？可你呢，还在外面招摇过市，想让人们都知道尧是怎样恳求你，而你又是多么清高地拒绝他。这只能说明你不是一个诚实的人，内心并不真正清高，只不过想骗取世人对你的敬佩罢了！”

说完，老人牵着小牛犊走，临走还说：“嗨，真晦气！好不容易下一次山，又碰上这么个虚伪的家伙，你怕尧的话脏了你的耳朵，我还怕你洗耳朵的水脏了我这小牛犊的嘴唇呢！小牛啊，你忍一忍，咱们到河上游去饮水吧，这里的水不干净了！”

这番话说得许由满面羞愧，无地自容，他知道，这老人一定就是巢父老先生了。他望着老人的背影鞠了一躬，说道：“承蒙您的教诲，我知道错了。”

第二天，许由就卷起铺盖，进山隐居去了。此后再也没有出过山，一直到老死在山里。

## 清高廉洁的介子推

让我们把不名誉作为刑罚最重的部分吧！

——孟德斯鸠

晋文公未做国君时，在外面逃亡了十几年，回国登位后第一件事，便是赏赐和他一起逃亡的功臣。那些人都有了金银财宝和很高的官爵，独有介子推一人被晋文公忘记了。在逃亡期间，介子推忍饥受冻，吃了很多苦，却供奉晋文公所需要的一切，使他生活得十分舒服。

有一天，介子推唉声叹气。母亲安慰他说：“你的功劳很大，为什么不和国王说明，求一个官做做呢？”介子推坐直身子对母亲说：“我不是想得到赏赐，而是看不惯那帮小人，自以为有功就摆出一副得意洋洋的样子。那些卑鄙的人，都想将功劳拉在自己的身上，实在太可耻了，我不愿意和他们在一起做事，我想回到乡下种田，又怕您不同意我的做法。”母亲连连点头说：“你的志向很高，不贪求功利，我太高兴了。”他和母亲便住到绵山去了。

过了一些日子，晋文公忽然想起了介子推的功劳，便叫人到绵山去找他。可是绵山很大，又长满了树木，100多个人在绵山找了三天三夜，还没有找到介子推。当时有人建议，放火烧山，他们见了火，一定会自己跑出来。

介子推和他母亲藏在山内，知道晋文公派人来找，他仍然不愿意出来。后来大火烧到他们的身旁，介子推连忙对母亲说："我背您出去吧，不然，我们就要被烧死了。"

他的母亲睁大眼睛对他说："你不是不愿意和那些争权夺利的小人在一起吗？现在怎么又怕死了呢？"

"不。"介子推说，"我不怕死，但为了母亲，我……"

他的母亲说："那么我们就死在一起吧！"火熄了，树木烧光了。大家看到介子推和他的母亲合抱着一棵树，都被烧焦了。

晋文公看到后非常悲痛，为了纪念介子推，便改绵山为介山，将山上所有的田改为祭田。还下令要全国老百姓在烧山的这一天，也就是清明的前一天，不准起火烧饭，一律吃冷食。这一天被叫做"寒食节"。

## 季文子以俭为荣

诚实的人必须对自己守信，他的最后靠山就是真诚。

——爱默生

季文子是中国春秋时期鲁国的宰相，他虽然身居高位，却从不铺张浪费。他提倡节俭，而且自己也是身体力行。他家的住房非常简陋，也不多用仆人。他叮嘱家人说："不要搞浮华，讲排场。饮食粗茶淡饭就可以了，衣服不脏不破就很好。"

有一天，他有公务出门，让他的侄儿备车。等了一会儿，不见动静，就径直向马厩走去。

刚走到马厩门口，他看到他侄儿慌慌张张将青草盖在马槽上，显出不安的样子。季文子很纳闷，问他在干什么，他侄儿吱吱唔唔说不出话来。季文子上前一看，原来马槽里有粮食。季文子十分生气，说："我已经说过，不许用粮食喂马，有充足的草就可以了。因为现在还有许多穷人缺吃少穿！"

他侄儿点点头，说："您说的道理我懂，我只是怕别人耻笑我们，说我们小气。"

季文子微微一笑，说："既然明白自己做得不错，就不必去管别人说什么。"

他侄儿备好了马，季文子在车上坐好，他们出发了。马车很旧，一边走，一边发出使人心烦的吱嘎声。季文子的侄儿低着头，怕别人认出这是宰相家的马车。而季文子泰然自若，时而观望民情，时而皱眉沉思。

当马车走到一个十字路口时，季文子下了车，与百姓们交谈。这时，走过来一位穿着十分讲究的年轻人向季文子请安。季文子转身一看，认出了这个年轻人是大臣孟献之的儿子，名叫仲孙。

季文子问："你父亲可好？"

仲孙点头说："很好，他刚才还在这里买东西。"

季文子抬头一看，果然有辆豪华的马车正向西驰去。他说："你们家好气派啊！依我看，要适可而止，还是以俭朴为好。"

仲孙不以为然，带着几分耻笑的口气说："大人做宰相这么多年了，出出入入连一件像样的绸缎衣服都没有。喂的马，不给粮食，只给草吃。您每天乘坐瘦马破车，难道不怕别人笑话，说您太小气了吗？您这么小气，要是让别国人知道了，说不定还会认为我们鲁国人穷成了什么样子呢！"

季文子听了仲孙的话，语重心长地说："你的话没有道理，这是因为你没有懂得节俭的意义。一个有修养的人，他可以克制贪心，因为他知道节俭可以使人向上。相反，一个人铺张浪费，必然贪得无厌。一个国家的大臣如能厉行节俭，艰苦奋斗，上行下效，百姓齐心，这个国家必然会越来越强大。因此，你怎么能说节俭丢脸和使国家衰败呢？”

季文子句句在理的一番话，说得仲孙哑口无言。他红着脸不好意思地走开了。

## 子罕辞玉

当信用消失的时候，肉体就没有生命。

——大仲马

子罕，又名乐喜，是春秋时宋国的地方官。他一向廉洁奉公，勤政爱民，深受当地百姓的敬爱。

有一天，子罕办完公事回到内衙休息，一个衣着朴素的中年人登门拜望，子罕热情地接待了他。

中年人从怀中掏出一块半青半白的璞玉，恭恭敬敬地放在子罕面前的几案上，然后说道：“大人为官清正，德被苍生，百姓受惠良多。小人上月在山上采石，发现这块璞玉，特献给大人，以表敬慕之诚。”

子罕婉言谢道：“我不需要它。你得之不易，还是带回去吧！”说完，把璞玉推到中年人面前。

中年人以为子罕不懂得璞玉的价值，特别郑重地解释说：“大人，你不要看这块璞玉外貌不扬，其实真是宝贝。我曾经拿它给玉石工看过，玉石工认为是价值千金的宝玉，所以我才敢献给你。”

子罕正色说："我一向把不贪当作宝物，你把玉石当作宝物，如果把它给我，岂不是你我都失去了自己的宝物吗？你还是把它拿回去，这样我们两人都保有自己的宝物了。"

中年人见子罕坚决不收，禁不住急起来，这才拱手为礼，坦率说明自己献玉的原因："小人是个普通百姓，突然得到这样贵重的宝玉，藏在家中，又无法保卫，反容易遭强盗杀害，因此特把它献给大人，一则表示敬意，二则可免杀身之祸。请大人务必笑纳。"说完，又把璞玉推到子罕面前。

子罕明白了中年人的苦衷后，就把他安置在城里居住，然后命玉石工把这块璞玉拿去打磨。果然是色质晶莹、价值千金的宝玉。子罕命人把这块宝玉卖了大笔钱，然后再命人把中年人找来。

子罕指着桌上的大堆金子对中年人说："你的宝玉我已找人卖了，这些金子就是你的宝玉的代价，你可以拿回去安家立业，我已写信告知你们乡的里正，要他们加强缉盗，保证百姓安宁，你回去后再不会有什么危险了。"

中年人见子罕不但不要宝玉，还替自己考虑得这么周到，感动得热泪盈眶，连连叩头致谢，然后满怀感谢之情，出门而去。

子罕不受宝玉，还帮献玉人卖玉致富的消息，很快就传遍了全国，百姓们都热烈赞扬子罕是廉洁正直、关心百姓的好官。

## 解阳讲信义智传君命

> 言必信，行必果。
>
> ——《论语·子路》

公元前595年，楚庄王拜公子侧为大将，申叔时为副将，率领大军包围了宋国都城睢阳，还造了几座跟城墙一般高的兵车，叫楼车，四面攻打。宋文公一面派大将华元率兵守城，一面派大夫乐婴齐到晋国去求援兵。

晋景公接到宋国的求援信后，召集大臣们商议，是否出兵增援。大夫伯宗提出了一个很好的建议，他说："楚国与宋国相距二千多里，粮草运输困难，楚国军队不能在宋国持久作战。我们不必出兵，派一个使臣去宋国，只说晋国已派大军来救，要宋国坚持抵抗。要不了几个月，楚国就会自己退回的。"晋景公采纳了伯宗的建议，于是派大夫解阳到宋国去。

解阳化装成老百姓来到宋国睢阳城外，被楚国巡逻兵抓获，带到楚庄王面前。楚庄王认识解阳，便问他来干什么，解阳就如实地说了。楚庄王说："睢阳很快就要打下来了！你如果能对他们说，晋国有事，一时不能发兵，特地叫我来告诉你们一声，这么一来，宋国没有盼头了，一定会投降的，省得两国人民遭殃。我封你为楚国的县公，你看好不好？"解阳低头不语。楚庄王说："你不答应，就杀了你。"解阳叹了一口气，说："好吧！"

解阳上了楼车，去同宋将华元对话。解阳提高了嗓子喊到："我是晋国的使臣解阳，奉了晋侯的命令来传话。"城里头的人一听到晋国派使臣来传话，立刻挤了一大堆人，华元也在内。解阳接着说："我走到城外，给楚兵抓住了，不能到你们那去了。晋侯亲自率领军队来救，很快就到，你们千万不要投降，要守住城。"城里的人高兴得大声欢呼。

楚庄王一听，火冒三丈，立刻叫人把解阳弄下来，怒气冲冲地责问道："你已经答应了我，怎么又失信？这是你自己找死。"解阳不慌不忙地回答说："我没有骗你，我是奉晋侯之命来的，现在我已经把命令传达完了，足见我是守信用的。反之，如果贵国使臣给敌人抓住，违背大王的命令，讨好敌人，你喜欢这样的臣下吗？"楚庄王想利用解阳的这种言行一致的精神去教育他们的臣下，就又转过来称赞解阳是个忠义之士，把他放了，还赏给他一些银两。

# 卞和三献美玉

> 失去了诚信，就等同于敌人毁灭了自己。
>
> ——莎士比亚

在湖北省南漳县城西的荆山脚下，耸立着一座陡峭直立、高数百米的岩壁，岩壁四周有苍松翠柏环抱，岩壁顶上还有石洞、石墓、石庙等许多古迹，这就是著名的“抱璞岩”。在距今2000多年前的春秋时代，这里曾发生过一个动人的故事。

当时，楚文王统治着楚国。有一天，荆山中传出了凄厉的哭声。这哭声时而高亢、愤激，时而低沉、哀伤。哭声延绵不断，一直持续了三天三夜。荆山下住着的人们也随着这哭声叹息不绝，暗自落泪。一个小孩子不知发生了什么事，就问他的父亲：“这是谁在哭？为什么要哭？”

父亲一边耕地，一边说：“哭的是一位叫卞和的老人，至于为什么哭，你去问你的爷爷吧。”

爷爷一边编草筐一边说：“孩子，这个故事说来话长，那还是我的父亲告诉我的呢。”说着，爷爷停下手里的活计，给小孙子讲起了卞和的故事。

那是60多年前，楚厉王在位的时候。荆山里住着一位叫卞和的青年玉匠。卞和的祖父和父亲也都是有名的玉匠。有一次，他们登山采玉，不慎摔下来，伤重而死。临死之前，祖父告诉卞和说：“我和你父亲采了一辈子玉，这荆山上的玉差不多都采光了。只有那座岩壁下，还有一块宝玉没采出来。凭我的经验，那是一块世人从未见过的宝玉，你要是能把它采出来，造福于天下，我和你父亲死也后就闭眼了。”卞和点点头答应了。

卞和含着眼泪，埋葬了祖父和父亲，就按祖父指的位置凿起岩壁来，他日夜不停地凿着，一直凿了四丈深，终于采出了一块璞玉（未经雕琢加工过的玉）。这块璞玉看上去和普通石头没多大差别，可卞和按祖父教他的秘法去看，认出它的确是一块世上从未有过的宝玉。

可是，这块稀世的璞玉加工起来很困难，必须集中天下最好的玉匠一齐合作，才能成功。在荒僻的荆山中，这当然办不到。于是卞和就用竹篓背起璞玉，跋山涉水，来到京城，要求面见楚王。楚厉王一听有人献宝玉，很高兴。可等卞和献上璞玉来一看，他大失所望：这哪是什么宝玉，简直就是一块丑陋的顽石呀！卞和见楚王撇嘴，连忙奏道："大王，请不要从外表来看这块璞玉，一旦把它雕琢出来，它就会成为一件稀世珍宝。"

楚厉王问："它到底有何稀奇之处呢？"

卞和回答道："经过雕琢之后，这将是一块没有一点瑕疵的美玉。除此之外，它还会有三件奇异之处：一是放在暗处能自然发光，称为'夜光之壁'。二是永远光润洁净，不沾尘埃，而且能避邪除怪。三是冬暖夏凉，冬天有了它，屋中不用炉火；夏天带着它，百步之内，蚊虫不敢近前。所以其他的玉都无法和它相比。"

楚厉王听了更加怀疑，他不信世间会有如此至宝，于是他吩咐把宫中的玉官叫来鉴别一下。

这位玉官把璞玉上下左右看过一遍，又用钎子敲敲，用一舌头舔了舔，虽然他并不知道这是一件稀世珍宝，但也看出它是块少见的上等璞玉。他心里算计开了：要是卞和献玉成功，一来自己玉官的位置要让给他了；二来呢，自己正在雕琢一块美玉，那是用来做传国玉玺的，雕成之后，一定会受到重赏。万一卞和这块玉真是宝贝，那么我那块玉不就成了废物了吗？这样一想后，他站起来向楚厉王奏道："大王，据我看，这是块毫无价值的顽石，卞和不过是想用它骗取一笔赏金！"

楚厉王一听大怒，他冲卞和吼道："你这贪财的贱奴，怎么敢欺骗寡人？"

卞和从容答道："这确实是宝玉，大王的玉官毫无见识，请大王传天下最好的玉匠来鉴别一下。我并不稀罕大王一丝一毫的奖赏，只求这块美玉能得见天日，不至于埋没深山罢了！”

楚厉王一听更来气了：“你还敢顶嘴，嘲笑寡人吗？”

旁边有位大臣看出卞和冤枉，就说：“你还不赶紧认罪，求大王饶你一死！”

卞和昂着头说：“宝玉就是宝玉，我一生不会撒谎，现在就是死，也不能昧着良心说假话！”

“给我拉出去砍了！”楚厉王大吼道。

“大王，不如砍他一只脚，让他活受罪。”玉官出了个恶毒的主意。

“好，就按你说的办！”楚厉王点头同意。

就这样，卞和被武士砍去左脚，扔出宫外。卞和满腔愤怒，但仍紧抱着那块璞玉。有人看他可怜，就把他扶上顺路的牛车，送回荆山。

过了七八年，厉王死了，楚武王登基，卞和又萌生了一线希望，他让人用车带他到了京城，再次去献玉。同上次一样，他坚持事实，不肯低头服输，结果又被砍去了另一只脚。

现在，又是50年过去了，楚文王继位。卞和这时已有八十多岁了，他坚信事实总会大白于天下，所以仍然一个人住在岩壁顶上的小石屋里，守着那块璞玉。听说文王继位，他再次产生了希望，可他又想，现在自己连路都走不了，怎么去京城呢？难道就这样让珍宝永远埋没在深山中吗？他越想越气愤，越想越悲伤，于是就抱着璞玉大哭起来……

讲到这，爷爷摸着小孙子的头说：“卞和真惨啊！昨天我在山上见到他时，他已经哭干了泪水，眼里流出了鲜血。可他还抱着那块璞玉，正往山下爬呢。”

这时，爷爷身后突然传来一个声音：“老人家，你能不能带我去见见这位卞和？”

爷爷回头一看，原来是一位身穿官服的大臣，连忙答道：“行，当然行！”

第二天，爷爷就带着大臣和随从们来到岩壁下，见到了已经奄奄一息的卞和。那位大臣走过来说："卞先生，我是文王派来寻访贤人的，昨天路过这里，听说了你的故事。我想问问你，你两次献玉，失去双脚，现在又想哭到京城去，难道说你为了献玉请赏，连命都不要了吗？"

卞和睁开血糊糊的双眼说道："大人，你错了！我卞和决不稀罕赏赐，我恨的是稀世珍宝被当作毫无价值的顽石，忠贞诚实之士被诬蔑为撒谎贪财的小人。我活了这么大岁数，离死已经不远，若不能让事实大白于天下，我是死也不能瞑目的！"

大臣听后也受了感动，于是命随从把卞和抬上自己的车子，一路送到京城。楚文王听这位大臣讲述了经过，答应照卞和的话试一试。这时，那个陷害忠良的玉官已经死了，所以也没有人再出来阻止。很快，楚国最好的玉匠都被召到京城，在卞和的指点下，对璞玉进行了精细的雕琢加工，终于得到了一块毫无瑕疵的美玉。

楚文王接过玉来一看，果然和卞和说的丝毫不差。文王大喜，要加封卞和为大夫，还要给他无数的赏赐。可是卞和谢绝了，他说："我这辈子，因为坚持说实话，反被人诬蔑为撒谎贪财之徒．现在美玉雕成，我已经心满意足了。如果再受封赏，不是让人家说中了吗？请大王成全我，让我回荆山去吧！"

楚文王拗不过他，只好送卞和回了荆山，可还是给了卞和以大夫的待遇，让人伺候卞和，直到卞和老死在山上。

从此，那块美玉成了楚国的传国之宝，被称为"和氏璧"。

# 孔子不懂不装懂

知之曰知之，不知曰不知，内不以自诬，外不以自欺。

——《箴言录》

孔子博学多才，他常常带着弟子周游各国讲学。

一个炎热的夏天，孔子带着弟子子路，乘坐一辆马车，前往齐国讲学。马车过了几座桥，拐过了几道弯，停在了三岔路口的大槐树下。树下有一村翁在卖茶水。他看到马车停下来，就招呼他们喝茶。

孔子下了车，走到村翁面前，很有礼貌地打听去齐国的路。村翁认出了孔子，拿起大碗茶递给孔子和子路，说："先生的名言'三人行必有我师'说得对极了，世上的学问，一个人不能都了解，要了解它，就必须学习，不耻下问。"孔子说："是的，就拿种地来说，我不如农夫；盖房，我不如泥瓦匠；做家具，我不如木工。"

孔子不但教育学生树立诚实的学习态度，他自己也是这样做的。

有一回，孔子到齐国去，路上看见两个小孩正在辩论问题。这两个孩子各自坐在一块石头上，就像真正的学者一样，认真地争论着什么。

孔子看了，觉得挺有趣，就对跟在身后的子路说："咱们走了大半天，也该休息一下了。过去听听孩子们在辩论什么，好不好？"

子路撇了撇嘴说："两个黄毛小子能说出什么正经话来？"

"掌握知识可不分年龄大小。有时候，小孩子讲出的道理，比那些愚蠢自负的成年人要强得多呢！"

子路听出孔子话里有话，脸红了一下，不敢再说什么，只好别别扭扭地跟着孔子走了过去。

来到树下，孔子站在一边，认真地听了一会儿。他看两个孩子各不相让，争得面红耳赤，就问：“你们在争些什么呀？”

两个孩子瞥了孔子一眼，没顾上理睬他，仍然争论他们的问题。

子路在一边生气了，他喝道：“你们这两个毛孩子，真没有礼貌！孔老夫子问话，你们怎么睬都不睬？”

孔子止住子路，和蔼地说：“我叫孔丘，是鲁国人，看见你们争辩得这么激烈，也想参加进来，你们看可不可以呀？”

其中一个孩子站起来说：“噢，原来你就是那个孔夫子呀，听说你很有学问。好吧，就请你来给我们评一评，看谁说得对。”

另一个孩子也跳起来说：“对，让他来评评，肯定是我说的对！”

孔子笑着说：“你们别着急，一个一个讲。”

先前那个孩子说：“我们在争论太阳什么时候离我们最近。我说是早上近，他说是中午近。你说说是谁对呢？”

孔子认真地想了一会儿说：“这个问题我过去没有考虑过. 不敢随便乱说。子路，你能回答吗？”

子路在老师面前不敢信口开河，只好也老实地摇了摇头。

孔子转过脸来对两个孩子说：“还是先请你们把各自的理由讲一讲吧。”

第二个孩子抢着说：“我先说，早上的太阳凉飕飕的，一点也不热；可是中午的太阳却像开水一样烫人，这不就说明早上太阳远，中午太阳近吗？”

第一个孩子接过来说：“他说得不对，你看，早上的太阳又大又圆，就像车顶上的篷盖那么大；可到了中午，太阳就变小了，顶多也不过一个菜盘那么大。谁都知道：近的东西大，远的东西小。所以，当然是早上的太阳离我们近了。”

说完，两个孩子一齐看着孔子，说道：“好了，现在我们的理由都讲过了，你来评评谁对吧。”

这下子，可把孔子难住了，他反复想了半天，还是觉得两个孩子各自都有道理，实在分不清谁对谁错。于是他老老实实地承认："这个问题我回答不了，以后我向更有学问的人请教一下，再来回答你们吧。"

两个孩子听后哈哈大笑起来："人家都说孔夫子是个圣人，原来你也有回答不了的问题呀！"说完就转身跑去玩耍了。

子路望着他们的背影，不服气地说："您真应该教训他们一顿！两个小毛孩子，您随便讲点什么，就能把他们镇住。"

孔子说："不，如果不是老老实实地承认自己不懂，我们怎么能听到这一番有趣的道理呢。在学习上，我们知道的就说知道，不知道的就说不知道。只有抱着这种诚实的态度，才能学到真正的知识。这一点，你什么时候都不能忘记。"

## 汉文帝言行一致

身不正，不足以服；言不诚，不足以动。

——徐祯稷

西汉时期，汉文帝刘恒在位23年，景帝刘启在位16年，这个时期历史上为"文景之治"。它是继西周"成康之治"以后，又一个盛世。

汉文帝目睹继位前后，经济凋敝，荒地未耕，民有饥色。他作为一个封建帝王难能可贵地想到："我的百姓生活那样苦，当官的没有能看到。因而，应该提倡节俭，身体力行，安抚百姓，休养生息。"于是他采取一系列节约安民的措施：裁减京师卫队；调拨皇室马匹，充实驿站；遣出惠帝后宫美人，令之改嫁；撤销旧有苑囿，将土地赐与农民；免官奴婢为庶人；严禁列侯夫人、诸侯王子食二千石和擅自征捕；抚恤赏赐孤寡老弱；下诏咨询："百官的奉养是否过于浪费？无用的事是否办得太多？为什么百姓的粮食如此缺乏？”等等。文帝在位的23年中，宫室、苑囿、车骑、服御均无所增盖。他曾想造一个露台，招工匠计算，需花费一百两黄金。文帝说：“百金，相当于中等人家十家的财产，为什么要造个台呢？”于是下令不造此台。

文帝平时经常穿着黑色粗布做的衣服，就连对他最宠爱的慎夫人，要求也很严格。规定衣裙下摆不准拖到地面，帷帐是素面，全不刺绣，也没花边。

他修建陵墓时，下令随葬品只能用陶器，禁止用金银铜锡等贵重物品。他在遗诏中说：“给我送葬的车马，不准陈列兵杖；送葬人带的白布孝带不准超过三寸；治丧期要短，在治丧期间，不要禁止百姓结婚、祭祀、饮酒和吃肉。”

由于汉文帝采取了选贤治国、轻徭薄赋、带头执法等一系列与民休息措施，也由于他带头节俭形成的俭朴之风，使西汉出现了社会安定，人给家足的繁荣景象。

## 贯高断喉

> 承认自己也许会弄错，就能避免争论，而且，可以使对方跟你一样宽宏大度，承认他也可能有错。
>
> ——戴尔·卡耐基

贯高是西汉初年赵王张敖的丞相，他为人重信守义，不轻然诺，言出必行，敢作敢当，深受赵王的器重和同僚的爱戴。

公元前200年，汉高祖刘邦从平城（今山西省大同市东）回长安（今陕西省西安市东），经过大女婿赵王领地的首府邯郸（今河北，前邯郸市西南）。赵王亲迎高祖到王宫，早晚侍候。脱了套袖，解下围裙，亲自奉上酒食，态度谦恭，完全按着女婿对待丈人的礼节行事。谁知高祖却拱起高膝，态度轻慢，把赵王呼来喝去，像对待奴婢一样，有时还旁敲侧击地责骂赵王，根本不把他这个女婿看在眼里。

贯高这时已是60多岁的老人了。过去曾当过赵王张敖的父亲张耳的门客，深受张耳的尊重。他生平最讲究气节，看到赵王毕恭毕敬地侍候高祖，反受侮慢，不由气愤地对同僚赵午说："我们的王是个孱头王啊！他这样受轻侮而毫不动气，我们当臣子的也感到是耻辱！"当天晚上，贯高便同赵午去见赵王，劝他说："天下纷乱之时，豪杰并起，有才能者先为帝。如今大王对皇上执礼甚恭，皇上却倨傲无礼，实君子所难忍受。老臣不才，愿为大王杀此无礼之人，请大王下令！"

赵王想不到他一向敬佩的丞相竟然说出这种话来，又急又气，把指头咬出血来，痛切地批评贯高说："丞相之言差矣！当年先王遭陈余袭击亡国，归汉后，赖商祖之力，才能杀了陈余，报仇复国。如今高祖德被子孙，孤才能继承王位，又成了汉家的女婿。背德弃义，君子所不为，望丞相不要再说这样的话。"

贯高见赵王不愿杀高祖，只好退下。出宫后，他与赵午等十多人暗中说道："我王乃忠厚长者，不肯忘恩背德，实在令人钦敬。但皇上如此轻慢大王，臣实在难堪。我们杀皇上，正是为此。如果事情成功，自然全归我王；如果失败，我们都应承担一切罪责，决不连累我王！"

第二年，汉高祖从东垣回长安，又经过赵地。贯高等人在高祖必经之地柏人（今河北省邢台市东北）驿站的夹墙里埋伏了武士，准备乘高祖上床歇息时把他刺死。谁知高祖未在柏人停留。贯高见暗杀计划落空，只好作罢。

贯高有个仇人，不知怎么知道了此事，就向朝廷告密。高祖立即下令把赵王张敖、贯高以及门客孟舒等十余人逮捕。孟舒等知道难逃斩首之刑，纷纷争着要自杀。贯高生气地骂道："谁叫你们这样干的？赵王并不知道我们的策划，也被逮捕，如果我们全都自杀而死，谁能证明我们的王并没有造反呀？我们要使赵王不被冤杀，自己再死也不晚。”孟舒等人便放弃了自杀的打算。

当时高祖下了一道命令：赵国群众、宾客，有谁敢跟随赵王者，满门抄斩！贯高和门客孟舒等人毫无所惧，自动地按照死囚的规矩，剃掉头发，用铁圈紧套着脖子，作为赵王的奴隶，跟着到了京城。

廷尉（刑狱官）审问贯高时，厉声问道：“你身为大臣，应当谨守臣节，忠心侍上。为何与赵王谋反？从实招来！”

贯高抬起头来，朗声答道：“谋反的事，只是我们干的，赵王一点也不知道。请大人转奏皇上，一切罪责全由我们承担，请皇上释放赵王。”

廷尉大怒道：“赵王大逆不道，你还敢为他开脱。再不从实招来，大刑侍候！”

贯高毫无惧色，仍然朗声答道：“赵王实不知此事，无可招供！”

廷尉便叫狱卒用刑，贯高被鞭打、锥刺、刀割，遍体鳞伤，血流如注，气息奄奄，仍然不改口。廷尉只好命狱卒将他押回死囚牢房。

第二天上朝时，廷尉向高祖汇报审案情况：“启奏陛下，臣多次审问贯高，他都说赵王不知此事，谋反罪责全由他一人承担，多次施用重刑，也不改口，请陛下明断！”

高祖听说贯高累受重刑，死不改口，不由赞叹说：“这老儿真是一条好汉！”他用目光扫视了一下群臣，接着问道：“你们中谁与贯高熟识？”

中大夫（高级顾问）泄公出班奏道：“贯高与小臣同乡，颇有交情。他一向重视气节，讲究信用，在赵国很有名望。”

高祖听了，就叫泄公拿了“如朕亲临”的符节到死牢去，私下向贯高问明真相。这时贯高因为受了酷刑，浑身棒疮，正坐在竹子编成的软兜里，听见有人来，仰头问道：“是泄公么？”

泄公急忙走上前去，回答说：“正是小弟。”接着又关心地问道：“你的伤重么？用了药吗？”

贯高艰难地移动了一下身子，低声答道：“伤势何足挂齿，只要赵王能无罪释放，老朽就是碎尸万段也不足惜。”

泄公单刀直入地问道："赵王到底参加谋反没有？"

贯高正色答道："谁不爱自己的父母妻子，这是人之常情，我三族都要判处死刑，讲假话又有何用？因为赵王并未参加谋反，也不知道我们谋反的事，所以我才死不改口，不愿冤枉好人。"接着，他就把他们为什么要谋杀高祖的经过，从头到尾详细地说了一遍，证明赵王确实不知此事。

泄公问明情况后，据实回奏。高祖方信赵王确实未参与谋反，就赦免了赵王。

贯高说一不二，敢作敢当的行为使高祖大为赞赏。高祖在赦免赵王之后，也决定释放贯高，并叫泄公去通知此事。

泄公来到死囚牢房，一进牢门就高声说道："丞相大喜！"

贯高问道："喜从何来？"

泄公说："小弟据实奏明皇上，皇上知道赵王未参与谋反，已下令赦免他了。"

贯高高兴地说："我们的王真的释放了吗？"

泄公肯定地说："真的！另外还有一件喜事哩！"

贯高问道："什么喜事？"

泄公说："皇上见你说一不二，敢作敢当，很是喜欢，也赦免了你。小弟就是奉命来释放你的，这岂不是一件大喜事么？"

贯高说："我之所以不死，为的是好证明赵王没有谋反。现在事情已弄清楚，赵王已被释放，我的责任已尽到，虽死也无恨了。当臣子的背着谋反罪名，即使皇上不杀我，我有何面目在皇上手下任事呢？"说完，乘泄公不防，猛地拔出泄公身佩之剑，切断自己的喉咙，顿时倒地而死。

泄公抢救不及，悲痛万分，只好如实奏明高祖。高祖闻知贯高遇赦仍自杀，深为叹息。

赵王知道贯高为自己而死的消息后，万分悲痛，亲到灵前吊唁。从此以后，贯高的声名天下皆知，人们都赞扬他是重信守义、敢作敢当的好汉子。

# 杨王孙“裸葬”矫时弊

善不由外来兮，名不可以虚作。

——屈原

汉朝的时候，凡是死了人都讲究厚葬，王公将相的坟墓里金银财宝一个赛一个多，就是普通人家也尽其所能地往坟墓放不少东西。一时之间，整个社会厚葬成风。

当时，在汉中成固（今陕西省城固县）有一个很富有的大户人家，叫杨王孙，他是远近很有名气的学者。杨王孙对这种误世害民的厚葬之风很痛恨，下决心以自己的实际行动来矫正时弊。

他晚年时染上重病，自知将不久于人世。他并不怕死，但却担心他的儿子会受当时厚葬陋习的影响，也将他厚葬。一天，他把儿子叫到病榻前，对他说：“为父死后要裸葬，既不着华贵的衣饰入棺，也不得陪葬金银财宝。你一定不要违背我的意愿。”停了一会儿，又说：“到时你可先用白布袋将我装起来，入地七尺，再从脚部开始，将布袋脱下，然后用土埋上。”他的儿子感到很为难，遵从父命，于心不忍；违背父命，则又不孝。于是去见父亲的老友祁侯，想请他帮忙说服父亲改变主意。

祁侯得知此事后，也不赞成杨王孙裸葬，便给他写了一封信。信中说：“尊兄患病，我因事无暇前去探望。愿你静养精神，免去思虑，及时服药，好自珍重。又听说你已吩咐死后裸葬，我以为不可。假使死者无知的话，也就罢了。若是死者有知，那就是戮尸于地下。况且，裸着身子将怎样去见已故先人呢？这样的事，我想你是一定不会干的。《孝经》上说，棺椁丧服是圣人留下的礼制。你又何必非要坚持你所听到的那个小道理而违背圣人的大道理呢？请兄三思。”

杨王孙看过祁侯的信，给他复信说：“我听说古代的圣王，尊重人的情感，不忍心亲人离去，所以制定丧礼。但是现在的人，僭越圣人制定的礼制，追求厚葬。我之所以要裸葬，是为了改变这种陋习。另外，我以为厚葬对死者没有任何好处，而俗人竞相追求厚葬，越比越高，使财物白白腐烂于地下。更有甚者，今天被埋到地下，明天就被掘墓的人扒去了，这与暴尸荒野又有什么两样呢？”

杨王孙彻底说服了祁侯，死后，他的亲朋好友终于遵照他的嘱托，将他裸葬了。这在当时曾引起轰动，给“厚葬”的时弊以很大的矫正。

## 羊祜以诚待人

> 言之无文，行而不远。
>
> ——《左传》

羊祜是汉末大儒蔡邕的外孙，司马师的内弟。他从小喜欢读书，学识渊博，很有辩才，谈起话来条理清楚，道理充分，说服力强。因他言行一致，人们都把他比作孔子的得意门生颜回。

西晋灭蜀后，灭吴就提到议事日程上来了。

这时，吴主孙皓在位，他是孙权的孙子，十分残暴，杀人如麻。他整日沉湎于酒色之中，不问政事。他还随意奸淫大臣的妻女，有人进谏，他竟将进谏者的人头用锯锯掉。他杀人成性，有时剥掉人的脸皮，有时凿瞎人的眼睛。不久，便上下离心，国无宁日了。

汉末天下大乱，到这时已近百年，人心思治，统一已是大势所趋。

司马炎泰始五年，任命羊祜为荆州都督，屯兵南夏。

南夏是靠近东吴边境的小镇，过去十分荒凉。羊祜早有灭亡东吴统一中国的远大抱负，他决心把南夏治理好，作为伐吴的基地。

羊祜初到南夏时，士兵没有口粮。他在南夏屯田，让士兵开荒八百多顷。经过一年的努力，粮食获得大丰收，可供十年之用，解决了军粮问题。

羊祜认为“兵不厌诈”与他的性格不符，在这里是用不上的，必须待人以诚，取得吴人的信任和对晋朝的好感。他每次与吴人作战，总要等到日出之后，从不偷袭。

羊祜对投降过来的吴人都给予奖励，而且来去自便。有些投降过来的人回到东吴，对吴讲述羊祜如何优待他们，有很多人听了，也跟着来投降了。

羊祜为人随和，能够与士兵同甘共苦。他经常穿一身便服，带几个随从去打猎。有时候，他一个人去察看士兵的营房，向士兵问寒问暖，因此士兵都很爱戴他。

晋武帝得知羊祜在南夏的政绩，提升他为车骑将军，还要为他在洛阳建造住宅。羊祜推辞说：“东吴未灭，国家尚未统一，我的政绩微不足道，请皇上多奖励那些对国家有更大功劳的人吧。”武帝和朝廷里的文武官员听了这话，都深受感动。

东吴西陵督军步阐，见羊祜待人以诚，便约好率领全城士兵过来投降。羊祜正要去接应，不料东吴大将陆抗已经得知消息，以迅雷不及掩耳之势袭击西陵，把步阐活捉去了。这事传到西晋朝廷上，有人乘机散布流言蜚语，中伤羊祜，说步阐被擒，罪在羊祜。不久，羊祜受到了降职的处分。

羊祜不计个人得失，灭吴决心毫不动摇，反而加紧了灭吴的准备工作。

羊祜对东吴军民进一步采取攻心战术，有意识地表示友好。一天，他的部下为了贪功，抓了两个东吴的牧童，作为俘虏献给他。羊祜说：“两国交战，小孩子有什么罪？快把他们放了。”他派人把牧童送回东吴，当面交给他们的父母。牧童的父母高兴极了，到处称颂羊祜的恩德，不久举家前来投降。

有一次，吴将陈尚、潘景前来进攻，被西晋的军队打死了。羊祜说："两军交战，各为其主，他们是忠臣，应当买两口上等棺木装殓他们，让他们的子弟前来迎丧。"陈尚、潘景的子弟果然过来迎丧，羊祜亲切地接待他们，劝他们说："请节哀，要为国家统一努力，避免出现死人的事。"

有时，羊祜的部下过境作战，因没有粮食吃，割了吴人的稻谷，羊祜知道后，叫部下送绢给吴人，作为补偿。

羊祜的行为使吴人深受感动，他们在提到羊祜时，都不再叫他的名字，尊称他为"羊公"。

在不知不觉中，羊祜把吴国的人心争取过来了。由于羊祜在荆州的功劳，司马炎提升他为征南将军。

在争取人心的同时，羊祜加紧了灭吴的军事部署。在他的推荐下，武帝任命益州刺史王濬为龙骧将军，命王溶在长江上游督造战船，训练水军，准备顺流而下，灭掉东吴。

在一切都准备好了之后，晋武帝咸宁二年，羊祜上书武帝，请求伐吴。

羊祜向晋武帝提出了灭吴的建议，他分析说："吴主荒淫无道，残暴嗜杀，已经失去民心。如果趁此机会攻打吴国，吴国纵然有长江天险，也无济于事。灭亡吴国，统一天下就在眼前了。"晋武帝正想接受羊祜的建议出兵东吴，不料秦、凉二州的少数民族首领树机能因受到不平等的待遇，聚众造反了。这样，出兵东吴的事就耽搁了。

羊祜又写了一份奏折说："秦、凉二州的动乱是小事，统一天下是大事。灭了东吴，乘胜利余威再去平定秦、凉二州，可以不费吹灰之力。请陛下迅速作出决定，不要再犹豫了。"

羊祜的建议受到杜预、张华等人的支持，但武帝的宠臣贾充坚决反对伐吴。因此，羊祜的主张虽然得到晋武帝的赞许，却不得实行。羊祜仰天长叹说："当断不断，恐怕将来没有这样的好机会了。"

羊祜无法实现统一大业，心中闷闷不乐，不久就生起病来。他要求带病进京，当面对皇帝和文武大臣陈述灭吴的计划。

咸宁四年，羊祜进京。武帝见羊祜身患重病，让他坐着车子上殿，免去朝见之礼。羊祜在朝廷上谈了自己的意见，强调说："我这次进京，面见皇上，就是要定计灭吴，统一天下。"羊祜为统一事业操尽了心，武帝非常感动，但是怕他累坏身体，便劝他去休息，让他和中书令张华共商灭吴大计。

过了几天，张华向晋武帝详细报告了羊祜的灭吴方略。晋武帝很高兴，准备派羊祜抱病领兵出征，羊祜辞谢说："灭吴虽是我的愿望，但我有病在身，不便带兵。杜预可以担任灭吴大军的统帅。"

晋武帝接受了他的建议，拜杜预为平东将军。杜预是员儒将，足智多谋。他满腹学问，出谋定计，往往出人意外，因此时人誉为"杜武库"。他的夫人是司马昭的妹妹。

正当杜预接受任务，招集兵马，准备粮草的时候，羊祜病情恶化。这年十一月，羊祜与世长辞了。

羊祜死后，没有为子孙留下任何遗产。两年前，他的女婿曾经劝他置备一些产业，以便传给子孙。羊祜对子女说："一个人应当大公无私，如果整天为私产打算，就会忘记国家大事的。"

荆州百姓接到噩耗，无不痛哭，为他在岘山树碑立庙，四时祭祀。

这时，老将王濬已经70多岁了，深感时不我待，特地写了一篇情词动人的奏章，要求伐吴。他说："吴主孙皓残暴荒淫，正是伐吴大好时机。老臣奉旨造船，已有七年之久，因长期闲置不用，有的船已经朽烂。老臣年已七十，来日无多。万一吴国贤主即位，发愤图强，则我悔之晚矣。"

这时，杜预也上表申请伐吴，张华也一再劝武帝及早兴兵。最后，武帝终于下了伐吴的决心。

西晋太康元年，晋武帝派大将杜预率领30多万兵马，分六路，一举灭了吴国。

羊祜在九泉之下，也可以瞑目了。

# 华歆救人救到底

不是不能见义，怕的是见义而不勇为。

——谢觉哉

华歆、王朗同是三国时代的人。一次战乱中，他们两人被追兵撵到了长江边。慌乱中，他们找到了一条船。正要开船，岸上又跑来了一个人呼喊求救，也要搭乘这条船逃往对岸。华歆看到这个情景，为难起来，在一边沉默不语。旁人见他犹豫不决，也不好开口。

这时追兵越来越近。王朗着急了，忙对华歆说："就让他搭船吧，正好船上还有地方，为啥不帮他一把呢？"就这样，那人也与华歆、王朗同乘一条船往对岸逃跑。

船行到江中心，追兵已经赶到岸边。他们看见华歆、王朗的船，便纷纷下水泅渡追赶。泅水的士兵离行船越来越近。划船的艄公累得精疲力尽，船的速度越来越慢了。王朗见此情景，开始着慌了，便打算赶一同逃难的那人下船。华歆连忙阻止王朗说："我当初所以迟疑，不答应，正是怕出现这样的情况。我们既然已经答应人家同船逃难，怎么能中途丢弃人家呢？"王朗被说得无言以对，只好照华歆的话办。

追兵泅到江心渐渐累了，泅水速度便慢了下来，与华歆他们的船距离又逐渐拉大了。就这样，行船胜利地划到对岸，华歆、王朗及那人摆脱了追兵，那个人也顺利地逃出了虎口。这件事传开后，人们都赞扬华歆办事讲信用，言行一致，在任何情况下也不变卦。

# 孔明择偶

> 对于事实问题的健全的判断是一切德行的真正基础。
>
> ——夸美纽斯

诸葛亮年轻时曾自愿娶黄承彦的丑女为妻，时人很不理解，甚至嘲笑道："莫作孔明（按：诸葛亮字）择妻，正得阿承丑女。"

诸葛亮为什么要娶丑女为妻，说来还有一段动人的故事哩。

诸葛亮年轻时，博学多才，风姿翩翩，躬耕陇亩，淡泊度日。不少人家纷纷遣媒登门，愿求他为婿。可是诸葛亮每次相亲之后，即便姑娘姣好绰约，容貌绝伦，他都婉言谢绝了。

诸葛亮年龄渐大，父母都为他担心。一天，他的母亲问他：

"不少人家来说亲，你总是东推西阻的，唉！时光不等人，可不能再拖了，你究竟要什么样的姑娘才称心？应该早对娘说呀！"

诸葛亮恭敬地回答道："母亲，重貌不重德是世俗之见，女子若无才德，即使貌若天仙，我也是不感兴趣的。"

母亲劝道："才貌双全的女子，不易得到啊！儿呀，你年龄已大，该迁就些才是。"

诸葛亮答道："终身大事，不宜马虎。"

他的父亲在一旁听得发了火，呵叱道："那就去娶一个丑八怪吧！"

诸葛亮仍恭顺而又坚决地说："如果她貌丑心良，能助我实现胸中大志，我是愿意娶她为妻的。"

诸葛亮的话，不知怎的，很快在邻里中暗暗传开了，不久便传到了沔

（音免 mian）阳名士黄承彦的耳里，他十分高兴。一天，他带着书僮，亲赴荆州拜访诸葛亮。

诸葛亮将黄承彦让进茅庐，寒暄已毕，黄承彦开门见山地说：

“久闻公子博学多才，择配不拘于世俗之见，故不揣冒昧，特地登门，愿将小女奉君箕帚。”

“令爱……”诸葛亮急欲问明情况。

黄承彦说：“小女虽然貌丑，可自小由老朽抚育，略知诗书，颇识大义，公子志大才高，值此乱世，必有一番建树，若小女能有幸侍奉公子，日后定能成为你的贤德内助。”

诸葛亮听了，心中便有了几分意思。

随着，黄承彦便邀诸葛亮到沔阳家里一行。诸葛亮到黄宅后，得与黄家姑娘相遇，倾谈良久，十分投契。虽然她发黄肤黑，却聪慧而有志节，真是一位难得的姑娘，诸葛亮心中十分欢喜，就定下了这门亲事。

黄家姑娘与诸葛亮结婚后，勤俭持家，对丈夫体贴入微，使诸葛亮能专心致志地从事政治、军事及科技的研究，并在后来辅佐刘备联吴抗魏的斗争中建立了不朽的功勋。

## 荀巨伯信义退兵

> 有疑问的时候，最好是说实话。
>
> ——马克·吐温

故事发生在1500年前的魏晋年代。

这一年，边关的一个小城遭到了外邦军队的入侵，硝烟弥漫，马蹄声声，城外郊野一片喊杀声。城里的百姓听了，都慌忙地往城外逃。

这时，偏有一个人背着包袱，提着箱子，从城外往城里挤。人们看了都觉得奇怪，一个劲地朝他喊："喂，你还要不要命？你这是赶去送死啊！"这个往城里跑的怪人名叫荀巨伯，他得知朋友生了重病，就不顾一切地前去探望。

这时，荀巨伯的朋友正孤身躺在床上，目光呆滞。忽然，在恍惚中听到有人在叫他的名字，他以为是幻觉，因为这时候还会有谁到这里来呢？

然而，呼唤声越来越清晰了："是我呀！"病人定睛一看，正是荀巨伯。他不由得又惊又喜。惊喜的是还能与朋友见上一面，焦急的是敌兵马上到了，荀巨伯到这里来不等于送死吗？他急切地问："你，你，你怎么这个时候还来？"

"你有病，我来探望你呀！"荀巨伯说。

病人更急了，说："兵丁眼看就要进城。你不逃命，到我这里来干什么？我是眼看就要死的人了，还探望什么？"

"正因为你重病在身，才更需要我来照顾你呀！"荀巨伯义不容辞地说。

这时，街上的喧嚣声越来越迫近。显然，敌兵已经进城。

正在这时，一伙兵丁手持武器闯进门来。他们一见荀巨伯正在护理病人，感到十分惊讶，因为他们一路杀来，发现城里的人几乎跑光了。

领兵的将士问荀巨伯："你这家伙怎么还在这里？难道你不怕死？"

荀巨伯坦然回答："我的朋友病了，我不能扔下他不管。"

"你这小子还真够义气的。"领兵的不由吐了吐舌头。

荀巨伯大义凛然地说："为人之本，要重情义而轻利益。眼下虽然处境危险，可是我的朋友患了重病，如果我丢下他不管，只顾自己逃命，我便成了无情无义之人。我既然答应要照顾朋友，那就不管是砍是杀，我都在所不惜。"

领兵的听了这番话，顿时惊呆了，举着刀的手渐渐软了下来。他转身对士兵们下令："走，走！退兵，退兵！"

"退兵？为什么？"众兵丁却不理解。

"退兵!"领兵的斩钉截铁地说,"我们是来到一个信义之都了。"兵丁们听了纷纷撤退。就这样,荀巨伯以他高尚的人格和信义的力量震慑了对方,保护了朋友,也保护了自己。

## 怀海禅师以身作则

做一个有信义的人胜似做一个有名气的人。

——罗斯福

百丈怀海禅师,俗姓王,福州长乐县人,原籍太原,远祖因西晋怀帝永嘉战乱,移居到福州。百丈怀海禅师,承继开创丛林的马祖道一禅师以后,立下一套极有系统的丛林规矩——百丈清规,所谓"马祖创丛林,百丈立清规",即是此意。百丈禅师倡导一日不作一日不食的农禅生活。曾经也遇到许多的困难,因为佛教一向以戒为规范的生活,而百丈禅师改进制度,以农禅为生活,甚至有人批评他为外道。但百丈禅师不为所动,依然以身作则,终日带着弟子们劳作。因他所住持的丛林在百丈山的绝顶,故又号百丈禅师,他每日除了领众弟子修行外,必亲执劳役,勤苦工作,对生活中的自食其力极其认真。对于平常的琐碎事务,尤不肯假手他人。

渐渐地,百丈禅师年纪老了,但他每日仍随众上山担柴、下田种地。因为农禅生活,就是自耕自食的生活。弟子们毕竟不忍心让年迈的师父做这种粗重的工作,因此,大众恳请他不要随众出坡,但百丈禅师却坚决拒绝。

光阴迅速,日月如梭,百丈禅师已是94岁的高龄了,却还与门人们一起不停地劳作。弟子中有人不忍看他太劳苦，就把他的工具藏了起来。百丈早上起来，准备去田间劳作，发现工具不在了，便追问弟子们。弟子们佯装不知，都说不知道。百丈没有工具，工作干不成，便整整绝食一天，粒米未进。第二天、第三天，弟子们仍不拿出工具，百丈便又绝食了两天。弟子们一看不行，急忙将工具还给了百丈。百丈这才重新吃饭了，因为他又可以回到田间工作去了。他对弟子们说："一日不作，一日不食。"

据说，百丈禅师94岁时，还与弟子们一起劳动。也正是老禅师的知行合一，身体力行，"一日不作，一日不食"的老规矩才一代代流传下来，直至今日。

百丈禅师的这种言行一致的精神，成为丛林千古的楷模！

## 唐太宗诚写国史

> 信任别人的人，比不信任别人的人，要犯较少的错误。
>
> ——卡乌尔

唐太宗（599～649），即李世民，他是李渊的次子。隋末他劝父亲起兵反隋，李渊称帝时他被封为秦王，任尚书令。武德九年发动玄武门之变，立为太子，承继帝位。

一天散朝后，唐太宗李世民和宰相房玄龄在闲谈。他们正说着别的什么事，唐太宗忽然问道："自古以来，国史为什么都不让本朝的君主看呢？"房玄龄回答说："因为一个正直尽责的史官中记着自己的过失。本朝的君主如果看到国史中记着自己的过失，很容易恼羞成怒，惩办史官，国史就很难撰写了。

唐太宗不以为然地说："有什么写什么，这又没有做错，怎么会得罪君主呢？你去把国史拿来给我看看，朕正想知道自己以前都有那些错误，好拿来作为鉴戒呢。"

房玄龄这下可犯愁了。国史是由他负责监督撰写的，他清清楚楚地知道里面记载着玄武门之变。当时，李世民为了争夺皇位，杀死了兄弟李建成和李元吉。如果让唐太宗看到这一段记录，他能不生气吗？

因此，房玄龄心里非常不安。但是皇上已经下令了，又不能抗旨不遵。没有办法，房玄龄只好硬着头皮、提心吊胆地把国史拿给唐太宗看。

唐太宗把国史仔仔细细地看了一遍后，对房玄龄说："其他都还好，只有玄武门之变这件事没有写清楚……"

房玄龄一听，暗暗着急，心想这下真的糟了，看来皇上果然对此不满意。他正琢磨着该怎么回答，忽然听唐太宗又吩咐道："来人，去把史官叫来！"

房玄龄越发着急了，他正想为史官辩解，唐太宗已接着原先的话题说了下去："撰写国史是为了记录历史，经后人借监，所以一丝一毫也含糊不得，不能因为怕得罪皇上就对真相有所隐瞒。朕要把当时的情形详细地给他们讲一讲，好让他们把遗漏的地方补上。"

房玄龄没有想到唐太宗会说出这样一番话来，真是又惊又喜。他由衷地说道："陛下真是心胸宽广，臣深感佩服！"

唐太宗认真地说："诛杀李建成和李元吉，也是迫不得已，这是关系国家安定的大事，没有必要隐瞒。写历史就要告诉后人真实的情况，这样才能够使人们从中吸取教训。朕是一国之君，更要做出表率。朕有责任将历史的真相告知后人。"

唐太宗的诚实赢得了满朝文武的尊敬。以后再有什么事，大臣们都敢于直言，朝廷上下逐渐形成了一种良好风气，从而才有了历史上的"贞观之治"。

# 刘庭式高中娶盲女

当一个人受到公众的信任时，他就应当把自己看做为公众的财产。

——杰佛逊

北宋时，有个书生叫刘庭式，出身于书香门第，自幼勤奋好学，诗文俱佳，为人又老实忠厚，乐于助人，乡亲们都很喜欢他。

刘庭式成年以后，闻说同乡有个农民的姑娘，性情温柔，貌美多才，便打破结亲必须门当户对的传统偏见，托媒前去求亲。姑娘的父母早知刘庭式为人忠厚，有德有才，慨然应允。姑娘得配意中之人，也很高兴。

时值大比之年，刘庭式上京应考，求取功名。姑娘不避未过门之嫌，亲送至十里长亭，赠给刘庭式金钗一只，以作信物。两人依依难舍，洒泪而别。

第二年春天，刘庭式考中进士，出任外官，在回乡准备完婚时，才知姑娘在他走后，突得大病，双目俱盲。女家一向躬耕陇亩，靠女儿刺绣换取几个银钱，至此愈加穷困，见庭式高中为官，女又失明，不敢再提婚事。

姑娘有个妹妹，也是温柔敦厚，精于女工，貌美不亚其姐。刘庭式的叔父闻知消息，便对庭式说："婚姻乃终身大事，务宜慎重。今姑娘双目俱盲，难成连理，她有一妹，才貌俱佳，正可代其姐为配，两家仍为百年之好，不是很恰当吗?"

刘庭式笑道："赴试之前，夫妻名分已定，两情交好，已作白头之约。虽未拜堂成亲，我早已心许之矣。怎能因为她双目失明就违背我的初衷呢?”

说完后，立即派人找来鼓乐，亲去女家迎亲。盲女突闻门外鼓乐齐鸣，人声嘈杂，知是花轿临门，又惊又喜。刘庭式亲扶盲女上轿，回府完婚。洞房之夜，夫妻对饮交杯酒，畅叙别后思念之情。庭式把定情金钗亲为盲女插在头上。盲女见庭式温存体贴，富贵之后不嫌弃自己，感动得热泪直流。乡亲们知道这件事后，都热烈赞扬刘庭式品德高尚，不愧君子。

大文学家苏轼在密州（今山东省诸城县）作官时，通判恰好是刘庭式。苏轼知道刘庭式高中娶盲女的事迹后，便问他道：“别人大都是爱漂亮的姑娘，你爱盲女什么呢?”

刘庭式回答说：“我爱她，因为她是我的妻子。谁要是择配时只图年轻漂亮，那么一旦他妻子容色衰老，他的爱也就随之消失了。如果这样，那是很不道德的。”

苏轼听了，深受感动，连连点头。他觉得刘庭式是宋弘一类人物，便写了一篇《刘庭式传》来歌颂其美德。从此以后，刘庭式富贵不忘盲妻的动人事迹，更是天下皆知，人人赞扬了。

## 赵广抗命

> 人与人之间，只有真诚相待，才是真正的朋友。谁要是算计朋友，等于自己欺骗自己。
>
> ——哈吉·阿布巴卡·伊芒

北宋擅长画人物鞍马和观音像的著名画家李公麟，作画总是“立意为先”，造型准确，神态生动，对后代画家影响很大。

合肥赵广，曾做过李公麟家的小史。李公麟作画时，常叫他陪侍左右，有时还给他讲讲画画技法。由于耳濡目染，日习月练，后来赵广也工于绘画了。他的画，深得李公麟的精髓，尤其是人物鞍马，几乎可以乱真。

南宋高宗建炎年间，金兵南下，铁蹄所至，烧杀抢掠，惨绝人寰。赵广不幸被金兵俘虏，饱尝饥饿鞭笞的苦头。

后来，赵广工于绘画的事被金人知道了。一天，金军中的一个小头目将赵广领到营中，叫他在毡椅上坐下。赵广不知为何，暗自惊疑。这时，那位小头目说道："听说你很会画画，真是时来运转，我奉官长之令，要你画几张画，画好了大有好处。这对你来说，不过是举手之劳。你愿干么？"

赵广望望小头目，默默坐着，不吭一声。

那位小头目以为他已默许，继续说道："你回去从我军所俘获的汉人妇女中，选几个年轻貌美的画在纸上，马上交来。一定要画好，画得逼真！"

赵广仍不吭声，只默默坐着。

那位小头目见赵广不开腔，知他不愿画，便威胁说："不识抬举！你照我说的去画，定有你的好处。你画的美人像，只要吾主太宗陛下满意，按画选美入宫，你就可以加官进爵，享不尽的荣华富贵！如若不从，就给你一刀，送你回老家去！"边说边抽出雪亮的短刀，在赵广眼前晃了几晃。

赵广一听，才知要叫他充当毛延寿的脚色，不禁勃然大怒，高声骂道："你们太欺负人了！我生为大宋良民，怎能助纣为虐，把我们同胞姊妹奉献给野蛮荒淫的金酋呢！"

说完，赵广就再不讲什么了。他想：与其辗转奔波而死，不如就此挨上一刀，倒死得更有意义，更为痛快。

金兵小头目见赵广公然抗命，还大骂金邦首领，不由大怒，将刀一挥，直向赵广右手拇指砍去，霎时鲜血迸流，染红地面。赵广强忍剧痛，怒目而视，仍不吭一声。

那小头目见赵广正气凛然，威武不屈，只好无可奈何地骂道："杀死你是太便宜了。我只砍去你右手拇指，叫你一辈子也休想画画了。哈哈！"

他边骂边把赵广推出了营门，然后扬长而去。赵广也乘机逃离了金营。

后来，赵广用左手继续作画，而且多画观音像。因为他希望观音菩萨能搭救北方沦陷区的父老于水深火热之中。

## 杨氏训夫捍城

守信用胜过有名气。

——罗斯福

唐代德宗建中四年，淮西节度使李希烈反叛，先攻陷汴州（今河南省开封市)，接着聚兵东进，准备袭击陈地（今河南省东南部)。当李希烈的军队沿途烧杀奸淫，快逼近通向陈地的一个县城——项城（今河南省项城县）时，项城县令李侃吓破了胆，不但不整兵御敌，反而收拾金银细软，准备舍城弃民，偷偷溜走。

县令要潜逃的消息，后来被人知道传开了，项城的百姓更是惊恐，城内城外一片混乱。

就在人心惶惶的时候，有一个深明大义的妇女站了出来，她就是县令李侃的妻子杨氏。杨氏异常愤慨地责问李侃道："大敌当前，你身为县令，理应保城杀贼，怎么可以不顾百姓的死活，私自逃生呢？你真愿做不忠不义的人而永遭后世唾骂么？"李侃竟为自己的丑行强辩："夫人，你只知其一不知其二呀！如今贼势猖獗，汴州尚且不保，何况我们这个小小的项城？三十六计，走为上策，我们还是避一避锋芒，以后再回来收拾残局吧！"杨氏闻言，勃然大怒，骂道："一个堂堂七尺男子汉，朝廷的命官，竟讲出这样的话来，我真替你害臊！好吧，你立意要溜，那就把官印交出来！我虽然是一女流，不能上马杀贼，但我决意与城共存亡，以身报国！"李侃被夫人的浩然正气所感动，他迟疑了一阵，红着脸说："夫人真是巾帼英雄，下官远远不及，实惭愧之至。"说完就对天发誓，愿与杨氏一道卫城杀敌。

于是，李侃立即颁发文告，呼吁全县军民储粮备械，筑垒挖沟，万众一心，共御强寇。杨氏每日亲到前哨阵地，激励将士道："项城的一山一水、一草一木都是我们祖祖辈辈千辛万苦开创出来的；我们祖先的坟墓，我们的房舍田地都在这里，真可谓生于斯、长于斯，能让贼子来践踏吗？"人们齐声说："决不能！"杨氏大声说道："现在贼人已迫近项城，你们说怎么办？"人们慷慨说道："奋勇杀贼，尽力死守，寸步不让！"杨氏接着宣布："凡是能用石头瓦块打击敌人的，赏钱一千，能用刀箭杀敌，赏钱一万。"

在杨氏的忠言感召下，项城军民个个摩拳擦掌、斗志昂扬。

不久，李希烈的乱兵来到了。杨氏亲自登上城楼，擂鼓助战。有一次，李侃被敌人的箭射伤，退回来养伤，杨氏不允，催他上阵。杨氏说："在这生死存亡之际，你身为县令怎能离开战场？就是死也要死在战场上，不能死在床上。"李侃听了大为感动，重跨战马，忍着伤痛带兵冲出城去，与强敌血战。鏖战数日，项城仍坚如磐石，而李希烈的乱兵却死伤甚众，尸横遍野。李希烈只好退走，项城得以保全。

## 名实相符的邵清

> 吾不能变心以从俗兮，固将愁苦而终穷。
>
> ——《离骚》

明朝中叶，曾有过一位政声颇著的官吏，他的名字叫邵清。邵清，字士廉，江宁（今江苏南京）人，他的为官与他的名字一样——清正廉明。

教谕虽然只是个不入流的小官，却掌管县里儒学生员的教诲之责。邵清不以职卑为轻，任教谕九载，以身作则，为人师表。他曾对学生们说："清白坚贞，可质神明，挽士风之陋，整学政之颓。"邵清自己正是以清白坚贞而获得海内清望。弘治十七年，他以荐诣部试第一，授官监察御史。以教职而授监察御史，此前尚无先例。

邵清起初受命督办卢沟桥抽分（征收），他"痛革宿弊，奸无所容"。到正德初年他又受命巡办长芦盐政，兼理河道。他核实余盐，革除弊政，抚恤灶丁，结果"势豪盐商，凛凛重足立，贪吏多弃印绶去"。

邵清办事刚直清正，论劾处置的多为权贵，又不肯稍有姑息，即使有人请托都御史出面讲情，他也不肯买账。邵清因此得罪了不少权贵富豪，为他们所嫉恨，不久便因宦官和富商合谋诬陷，被置于午门下用刑。家里人看到，不由失声落泪。邵清却坦然受刑，并劝慰家人道："我非自败名节，以辱先人至此，况得失在我，何哭为！"此后邵清被免职家居，他也乐得闭门谢客，每日在园中种菜，在书房教子，过着清贫的生活。

嘉靖初年，邵清再度被起用为云南按察司佥事，他不改当初清直之风，初至任，便为属官辩诬，又巡视诸寨，修城垣，召商贾，办了不少利民之事。

滇南一带，素以出珍奇闻名，邵清却一毫不取，所入只是分内的廪禄柴薪而已。等到入京办事时，带去的只是行李图书，此外一无长物。邵清自己清正，对属下也约束极严，史书中称他"下至胥吏舆台，一无所染"。深为当地少数民族所悦服。

邵清晚年辞官家居，回到南京，连一处自己的房宅也没有，只好住在岳父家中。他一生为官清正，家无余赀，以至贫困到有时候吃饭也困难了，常常到了中午，家里还没能举火烧饭。可是邵清对此却毫不在意，过得十分坦然。

有一天，督学御史林有孚到邵清家中来拜访，两人谈得非常投契，可是始终对坐而谈，也不见家人备茶待客，原来邵清家中已贫得无茗具可设。林御史知道后感叹而去。当时有人以朝廷没入的官田送给邵清，帮他借以养家，邵清却断然推辞，不肯收受。他就这样清贫地度过了晚年。

邵清80岁那年，终于在贫困中病倒了，儿子守在他身边。邵清语重心长地对儿子说道："为己谨独甚难，平生不敢受安逸，唯我与汝自知之。"又说："兢兢业业，过了一生，将盖馆，务保全无过，瞑目时心始放下耳。"这便是他的遗言。几天后，邵清便与世长辞。

## 徐九思的三字经

如果要别人诚信，首先自己要诚信。

——莎士比亚

明朝时候，徐九思上任句容（江苏境内）知县，他治县有方，政绩卓著，全靠他的三字经——勤、俭、忍。

徐九思常说："俭则不费，勤则不隳，忍则不争，保身与家之道也。"为勉励自己为政清廉，力行勤俭，他在自己的居室挂着一幅《青菜图》，图旁有两行警句："为父母不可不知此味，为吾赤子不可令有此色。"他无论做什么，都以勤、俭、忍为座右铭。

徐九思的"勤"，除了勤于公务，洁身奉献，为当地人民兴利除弊之外，他还带头勤于生产劳动。在他的县衙里，原有一个园圃，以往的县吏一心盘剥百姓，园圃无人经营，早已荒芜。徐九思上任后，亲自率领衙内下属到园圃垦荒，开垦出来后又种上蔬菜瓜果，饲养了猪羊鸡鸭。园中有个水池，他也进行了修整，放养了鱼苗。这样，不仅节约了生活开资，还培养了吏佐们的劳动习惯。

徐九思的“俭”，事迹更多。当时，句容县的粮簿上有一笔“例金”，这笔钱是专供地方官花用的，九思到任后，毅然革除了这笔例金，他自己自然分文不得了。平日，他的生活俭朴，“生平不嗜肉，唯啖菜”。那时官员不分大小，宴请送礼成风，凡有官员路过此县，或上级官府的属员下县，地方官都滥用公款大肆宴请，重礼接送，造成极大浪费。九思决心刹住这股歪风。一次，上级府中一些属员下到句容县，照例要索取贿赂，但九思不予理睬。他们见鱼肉不成，便借酒装疯，谩骂县衙，咆哮公堂，九思毫不退让，令人将他们绑起来用鞭子抽打。这事被上面府尹得知，很是恼怒，骂九思目中无人，但也无可奈何。自此以后，句容县的贪奢歪风大为收敛，衙内的公费开支有很多节余，也减轻了人民的负担。徐九思又把省下的钱惠之于民。在句容县西部，有 35 千米的路面年久失修，严重损坏，按照贯例这又要增收赋税来修路。但九思没向百姓收缴分文，率人修好了路，整个工程全部是节约下的公费开支。

徐九思的“忍”，简单说就是对自己不争名，不争利，息事安贫。

徐九思在句容去邪扶正，嫉恶扬善，而且厉行节约，勤政为民，群众很崇敬他，为他建造了“九思祠”。后来，他因得罪严嵩被罢官，家居 20 余年，仍不改勤俭，他为乡里立义田，兴义学，招抚流民，领头开荒，劝之种植，使当地百姓人人皆仰。当他 85 岁溘然离世时，句容人民纷纷拜伏于“九思祠”前祭祀，这时九思离开句容已 35 年了。

# 汤显祖不受丞相之邀

> 应该热心地致力于照道德行事，而不要空谈道德。
>
> —— 德谟克利特

汤显祖出生在江西临川一个书香门第的家庭，少年时期就博学多才，不仅写诗作文出名，而且还精通天文地理、医药巫术等许多“杂学”。因此，到他20多岁时，就已经是天下知名的才子了。

汤显祖的老师名叫罗汝芳，是当时著名的学者。由于他猛烈批判正统儒家学说，所以一辈子受到很多人的攻击和迫害。可是，罗汝芳始终坚强不屈，保持着刚正诚实的性格。老师的这种高尚情操对汤显祖影响很大，使他从青年时期起就懂得了做人要光明磊落，诚实正直，决不向丑恶的东西低头。

明神宗万历五年，汤显祖前往京城参加科举会试。这一年，汤显祖27岁，正是风华正茂、英姿勃发的时候。他希望通过考试展露自己的才华，然后受到朝廷的重用，干一番惊天动地的大事业。当时，汤显祖的文章和学问已经很出名，所有的人都认为今年科举的前几名里，绝不会少了汤显祖的名字。

可是，没想到半路出了一场波折，汤显祖竟然名落孙山，没有被录取。

原来，在这次参加会试的考生中，有一位是当朝丞相张居正的儿子。丞相的公子要想考中当然不成问题，只要他不是傻瓜白痴，能写出说得过去的文章，主考官哪敢给他低分呀？可是，要想让天下人都心服口服，就不那么容易了。张居正的手下人给他出了个主意：让几个有名望的考生和张公子一起考中，这样，别人就不敢不服气了。

张居正听了还有点犹豫，怕这样做传出去不好看。手下人赶忙为他开脱道："大人不必迟疑，张公子的文章超凡脱俗，绝不比那些才子们差。我们这样做，其实也只是为了预防万一。"张居正想：这些有名的才子都是具有真才实学的人，将来肯定都是朝廷上的大臣。自己的儿子能和他们一起考中，不仅可以让外人心服，而且这次结下了交情，日后做了官，他们就可以互相帮忙，在朝廷中站稳脚跟。这真是一举两得的事啊。想到这儿，张居正就派人到主考官那里问："这次的考生中，有什么才华出众的人吗？"

考官回答说："没有比汤显祖、沈懋学更出众的了。他们两个简直可以与汉代的晁错和贾谊相提并论呢。"

张居正听了很高兴，立即派人拿着自己的名帖去请汤、沈二人。

再说汤显祖和沈懋学，两人本来就是好友，这次又同来赶考，就经常在一起讨论文章。他们当然不知道张居正的用意，只是觉得丞相大人主动来请他们，有点不寻常。因为当时的科举考生常常在考前拜访考官和达官显贵，求得他们的赏识，以便日后得到提拔和帮助。可是从来只有考生求见做官的，没有做官的反来邀请考生的事情啊。

沈懋学接到邀请后十分高兴，汤显祖心里却有点怀疑，他对沈懋学说："听说这次考试，张丞相的公子也要参加，这时候他请咱们去，莫非有什么别的用意？"

"汤兄，你想得太多了。大概是有人向他提起你我的才名，他爱惜人才，想让咱们投到他的门下罢了。再说张居正这人，那是本朝最有作为的丞相，咱们做他的门生也不算委屈吧。"沈懋学不以为然地说。

"我还是不大想去。现在面临大考，这时候投在他的门下，将来考官录取时，必然会有所考虑，手下留情。这样考中太不光彩，惹天下正人君子的耻笑。"

"咳，考前拜见门师，这是历来的传统，谁会耻笑我们呢？"

"要去你去，我汤显祖要凭自己的才学中举，决不依靠权贵！"汤显祖决断地说。

两人话不投机，当天的谈话就这样不欢而散了。

张居正的手下人听说汤显祖不愿来见，就干脆跑来直说："张大人请你，是赏识你的才气。你要是知趣，这次说不定要取你做个状元呢！"

汤显祖一听就来了气，说道："你回去对丞相说，汤显祖感谢大人赏识。可决不敢昧心去做假状元！"

结果，沈懋学自己去见了张居正。考试的结局当然不难猜出，沈懋学和张公子中举，而汤显祖落第了。

尽管遭受了这样的打击，汤显祖并没有后悔，他认为自己问心无愧，对得起老师多年的教诲。七年之后，他再次赴京赶考。这时，张居正已经罢官，而现任的两位丞相是张四维和申时行。说来也巧，张、申两人的儿子又与汤显祖一起参加考试。这两位公子也早已听说汤显祖的名声，跑来想和汤显祖结交，却又遭到了拒绝。还好，这次的主考官还能公正办事，没有受别人的影响。汤显祖终于凭自己的真才实学考中了进士。

## 张岱自写墓志铭

一个人严守诺言，比守卫他的财产更重要。

——莫里哀

张岱，字陶庵，生活在明末清初，是当时著名的文学家和历史学家。

张岱出生在明朝一个世代为官的贵族家庭里，从小过着纨绔子弟的豪华生活。那时候，他成天穿着华丽的衣衫，骑着高大的骏马；家中有娇妻美妾，身边跟着俊俏的男童；吃喝嫖赌，走马打猎，他样样精通；逛戏园，买古董，玩花鸟，他全是行家。提起张岱，没有人不知道他是天下出了名的浪荡公子。

直到张岱五十岁那年，平地一声惊雷震碎了他的美梦：清朝军队的金戈铁马一路席卷而来，推翻了明朝的天下。国破家亡的悲剧，终于使张岱清醒过来，他决心痛改前非，要做个堂堂正正的男子汉。

这时候，明朝的许多官员和著名文人看到大势已去，都剃了头发，留起长辫，投降清朝，做了新贵人。而张岱却发誓不做亡国奴，他披散头发，独自一人跑进深山隐居。他昔日的一些朋友和熟人劝他顺应潮流，归顺清朝；清朝的官员们听说了他的大名，也屡次派人来请他出山做官，他都坚决拒绝了。

张岱自己建了一座残破的茅屋，过着野人般的生活。常常连着几天无米下锅，只得靠野菜度日。他听说一些朋友在反清的秘密斗争中牺牲的消息后，曾几次想过要结束自己的生命，来表示自己对故国的忠诚。但是，一件未完成的事业使他放弃了自杀的打算。原来，他正在编写一部记述明朝历史的传记著作，他想通过这部书的写作来表达自己对故国的思念。后来，他终于饿着肚子写成了这部巨著，取名叫《石匮藏书》，成为一部研究明朝历史兴衰的重要文献。

在写作《石匮藏书》的同时，张岱还写了不少文章和诗歌。在这些作品中，他不仅抒发了国破家亡的悲愤，还沉痛地回顾了自己昔日的腐朽生活，表达了深深的悔恨心情。

张岱坚贞不屈的民族气节感动了很多人，大家渐渐改变了对他的看法，都称赞他是一位有骨气的民族义士。后来，他的名气越来越大，人们纷纷私下传阅他的文章和诗歌，把他当作一位了不起的人物。但张岱自己却从没有原谅过自己过去的错误，仍然常常写文章检讨自己。

有一天，张岱的茅屋里来了位不速之客。这人姓施，是张岱多年不见的一位老友。张岱一见他，惊喜交加地喊道："施兄，原来你没有死！我听说你在嘉兴一带参加起义，已经战死了呀！"

来人笑了，说道："我隐姓埋名多年才躲过了追捕。现在眼看老得不行了，临死前，怎么也得来看老朋友一眼啊！"他看了看张岱披散着的长发，笑着说："怎么，你老兄还敢留着头发不剃呀，不怕清兵砍你的头吗？"

张岱哈哈大笑道："我是山中一野人，与世隔绝，谁要让我留清朝的辫子，就让他把我的头也拿去！"

接着，张岱请朋友坐下，自己出去准备饭食招待他。

姓施的朋友随手拿起桌上一篇尚未写完的文稿，只见上面赫然写着《自为墓志铭》一行题目，他连忙一行行读了下去。张岱在这篇自己给自己写的墓志铭中，又一次回顾了昔日的腐朽生活，深刻地检讨了自己的过错。

等张岱进屋的时候，姓施的朋友正拍着桌子说："好文章啊！"他转过脸来对张岱说："当年陶渊明、徐文长自写墓志铭，为后人仰慕，没想到你老兄也有这样坦荡的胸怀和气魄啊！"

"施兄过奖了，我哪里能与前代的伟人们相比，只不过是东施放颦罢了。"张岱淡淡地微笑着说。

"不过，有一点我不赞同。你不该在文中过分地自责，那都是多年前的往事了，年轻时的过错记一辈子就可以了，难道死后还要让后人去议论吗？你这些年做了这么多好事，现在人们都敬佩你的忠贞节义，你又何必败坏自己生前的清名呢？"朋友诚恳地劝说着张岱。

"施兄不知，我之所以苟且偷生，活到今天，正是为了痛改前非，弥补昔日的过错。我时时提起过去，就是要让世人看到：一个有罪之人是如何改过自新的。"

"说有罪太过分了吧，你生于显贵之家，像你那样生活的官宦子弟并不少见。"

"施兄你想想看，那时国家已经风雨飘摇，官场一团腐败，而我辈却只知醉生梦死，不知发愤图强，这不是罪过，又是什么？这些年来，我常常想，自己前半生有罪，如今所剩的光阴已经不多。唯一能够做的，就是把自己的短处统统揭发出来，让后人记取教训。说实在的，写这篇墓志铭时，我也因为私心，几次中途停笔。可后来一想到这些，还是准备继续写下去，一直写到死的那一天为止。"

说完，张岱举了举手中的酒壶，说："不提这些了！你看，这是我珍藏多年的好酒，今日咱们老友重逢，喝他个一醉方休可好？”

姓施的朋友也从背囊中取出一只野鸡，说着：“喏，这是我路上向猎人买的，你怕是也好久没闻到肉味了吧？咱们来个野鸡美酒宴，看看能不能比得上你昔日的山珍海味！”

两位朋友哈哈大笑。他们都好久没有这样痛快过了。

## 鲁迅的“早”

> 一个改正了自己错误的人，则既表示他的理解正确，又表示他的胸襟光明磊落。
>
> ——休谟

鲁迅生于1881年9月25日，出生于绍兴城内都昌坊口一个破落的士大夫家庭。鲁迅原名周树人，英年早逝，他是中国现代著名的文学家、思想家和革命家。

鲁迅自幼聪颖勤奋，三味书屋是清末绍兴城里的一所著名的私塾，鲁迅12岁时到三味书屋跟随寿镜吾老师学习，在那里攻读诗书近5年。鲁迅的座位，在书房的东北角，使他用的是一张硬木书桌。现在这张木桌还放在鲁迅纪念馆里。

鲁迅13岁时，他的祖父因科场案被逮捕入狱，父亲长期患病，家里越来越穷，他经常到当铺卖掉家里值钱的东西，然后再在药店给父亲买药。有一次，父亲病重，鲁迅一大早就去当铺和药店，回来时老师已经开始上课了。老师看到他迟到了，就生气地说：“十几岁的学生，还睡懒觉，上课迟到。下次再迟到就别来了。”

鲁迅听了，点点头，没有为自己作任何辩解，低着头默默回到自己的座位上。

第二天，他早早来到学校，在书桌右上角用刀刻了一个“早”字，心里暗暗地许下诺言：以后一定要早起，不能再迟到了。

以后的日子里，父亲的病更重了，鲁迅更频繁地到当铺去卖东西，然后到药店去买药，家里很多活都落在了鲁迅的肩上。他每天天不亮就早早起床，料理好家里的事情，然后再到当铺和药店，之后又急急忙忙地跑到私塾去上课。虽然家里的负担很重，可是他再也没有迟到过。

在那些艰苦的日子里，每当他气喘吁吁地准时跑进私塾，看到课桌上的“早”字，他都会觉得开心，心想：“我又一次战胜了困难，又一次实现了自己的诺言，我一定加倍努力，做一个言行一致的人。”

后来父亲去世了，鲁迅继续在三味书屋读书，私塾里的寿镜吾老师，是一位方正、质朴和博学的人。老师的为人和治学精神，那个曾经让鲁迅留下深赢得记忆的三味书屋和那个刻着“早”字的课桌，一直激励着鲁迅在人生路上继续前进。

鲁迅 17 岁时从三味书屋毕业，18 岁那年考入免费的江南水师学堂；后来又公费到日本留学，学习西医。1906 年鲁迅又放弃了医学，开始从事文学创作，先后在北京大学、北京师范大学等学校教过课，成为中国新文学运动的倡导者。鲁迅是中国文坛的一位巨人，他的著作全部收入《鲁迅全集》，被译成 50 多种文字广泛地在世界上传播。

# 闻一多说了就去做

在只能说谎与沉默两者来选择，沉默也好的。

——何其芳

闻一多，原名闻家骅，湖北浠水人，中国著名诗人、学者和民主人士。幼年爱好古诗词和美术；1913 年考入北京清华；1922 年赴美学习美术；1925 年回国，历任北京艺专、武汉大学、青岛大学、清华大学、昆明西南联大等学校教授。一生写有很多著作，后编辑为《闻一多全集》流传于世。

抗日战争时期，他积极带领学生参加民主革命运动，反对国民党匪帮倒行逆施，1946 年 7 月 15 日被国民党特务暗杀，英勇牺牲。

闻一多自幼为人老实、谦虚，勇于探求真理。只要是方向认识清了，说了，他就去做。他经常对人说："人家说了再做，我是做了再说。""人家说了也不一定做，我是做了也不一定说。"实际上是他也说了，也做了，说了就做，言行一致。

1925 年他从美国回国，看到封建军阀统治下的中国一片黑暗，到处是军阀混战，民不聊生，他无比愤慨，当即写了一部诗集《死水》。在这部诗集中，题为《死水》诗歌的最后一节，是这样写的：

"这是一沟绝望的死水，
这里断不是美的所在，
不如让给丑恶来开垦，
看他造出个什么世界。"

诗歌表达了他热切地追求光明世界和爱国主义精神，对半殖民地半封建旧中国的黑暗现实进行无情的揭露和批判。

20世纪30年代，他想要深入研究中国民族文化，希望通过研究给中国开一济救济的药方。于是从唐诗入手，目不窥园，足不下楼，饭有时都忘记吃，头发总是零乱不堪，终于写成《唐诗杂论》。又经十年写成《楚辞校外》。因为他潜心贯注、心会神凝，人们戏称叫他“何妨一下楼主人”。

1943年后，他在共产党的影响下，把主要精力转到带领学生群众从事争取民主斗争，成为青年运动的领导人。他大声疾呼，反对国民党独裁政治，揭露国民党借美帝国主义援助发动反人民内战的阴谋。这个时期，他给昆明学生界学生做报告，印政治传单。他在给友人的信里说：“此身别无长处，既然有一颗心，有一张嘴，讲话定要讲个痛快！”他不但说，还冲在对敌斗争第一线。

1946年7月11日，爱国民主人士李公仆在昆明被国民党反动派杀害了。黑暗恐怖气氛笼罩昆明。国民党特务布满全城每个角落，甚至给革命师生写恐吓信。闻一多也接到多次警告信号。怎么办呢？他与青年学生商量，决定举行群众集会，给敌人以打击，揭露敌人镇压人民的阴谋。开会那天，他不怕恫吓，不怕牺牲，登上讲台，做了他历史上有名的《最后一次讲演》，锋芒直指国民党反动派。他大气凛然声音激动地说：

“李先生究竟犯了什么罪，竟遭此毒手？”

“大家都有一支笔，有一张嘴，有什么理由拿出来讲啊！有什么事实拿出来说啊！为什么要打要杀，而且又不敢光明正大的来打来杀，而偷偷摸摸的来暗杀！”

“今天，这里有没有特务？你站出来！是好汉的站出来！”

“你们杀死一个李公仆，会有千百万个李公仆站起来！”

“正义是杀不完的，因为真理永远存在！”

“我们不怕死，我们有牺牲的精神！我们随时像李先生一样，前脚跨出大门，后脚就不准备再跨进大门！”

他的讲话激起与会一千多名青年很长时间的热烈鼓掌。

闻一多就是这样，说在前，冲杀在前，表现了一个爱国者言行的高度一致。他的讲话和革命行动，像重磅炸弹投向国民党反动派，暴露了敌人的反动丑恶的嘴脸。7 月 15 日，穷凶极恶的国民党特务把他暗杀了。虽然闻一多牺牲了，但他的无畏精神，激起了全国的群众斗争高潮，“反饥饿”、“反内战”的浪潮一浪高过一浪，敲响了蒋家反动王朝的丧钟。

## 竺可桢勇于坚持真理

只有忠实于事实，才能忠实于真理。

——周恩来

竺可桢，浙江绍兴人，著名的气象、地理学家。中国现代气象事业创始人。曾任中国科学院副院长、中国气象学会名誉理事长、中国地理学会理事长等职。

竺可桢一生所走过的道路，是一条求实的道路。说老实话，办老实事，坚持实事求是，这是他科研工作的原则，也是他做人的原则。他一生始终信守这一准则。

20 世纪 50 年代，毛泽东提出“人定胜天”的观点，几乎成为中国全民信奉的信条。竺可桢对毛泽东是非常敬佩的。但他坚持在真理面前，敢说真话，从不盲目崇拜。竺可桢以他深厚的科学素养感觉到，不宜笼统地宣传“人定胜天”的观点，如果不尊重大自然的规律，一味蛮干，那么人不仅不能胜天，反而要破坏生态平衡，要受到大自然的惩罚。当时，有不少地方不讲科学，用土枪土炮轰击云层，以达到人工消除冰雹的目的。竺可桢经过深入调查，看出这种做法耗资甚大而收效较小，因而提出异议。他坚持认为必须对雹云形成机制进行深入研究，他指出不进行深入研究仅仅动员群众以土法消雹的做法，纯属劳民伤财之举。在当时的历史背景下，敢于对此提出批评意见，力排众议，不怕冒着给群众运动泼冷水的罪名，这种诚实的科学态度是难能可贵的。

1962 年，竺可桢和著名人口学家马寅初等人，力主中国人口问题要有一个计划，不能盲目发展，提出管制生育已是当务之急。但是这个建议，却造成以马寅初为代表的人的大悲剧。当年，竺可桢对一些地区大批开垦荒地荒山，不顾水土大量流失的作法，也提出过批评建议。

竺可桢是国内外最负盛名的科学家之一，在我国科技界和其他方面担任着许多重要领导职务，但他从不盛气凌人，不以权威自居。他平易近人，诚实可信，虚怀若谷，不耻下问，勇于并乐于改正过失。在学术讨论和日常工作中，他对别人提出的不同意见，总是虚心听取，认真正确对待。有时还在报刊上发表文章，公开表示接受他人批评。

竺可桢虽然离开了我们，但他勇于坚持真理的科研精神、为人处事诚实守信的品格，永远长存在人们心中。

## 布鲁诺坚持真理

> 失信就是失败。
>
> ——左拉

布鲁诺是意大利文艺复兴时期伟大的思想家、自然科学家、哲学家和文学家，是一个诚实正直的学者。

1548 年，布鲁诺出生在意大利那不勒斯附近诺拉城一个没落的小贵族家庭。11 岁时，父母将他送到了那不勒斯的一所私立人文主义学校就读。

后来，布鲁诺进入多米尼克僧团的修道院，第二年转为正式僧侣。十年后，他获得了神学博士学位。

布鲁诺阅读了不少“禁书”，其中，哥白尼的日心学说对他影响最大。于是，他便开始对自然科学发生了浓厚的兴趣，逐渐地对宗教神学发生了怀疑。此后，他不仅写了一些批判《圣经》的论文，而且还对基督教圣徒表现出极度的厌恶。

布鲁诺的言行触怒了教廷。教廷决定对他进行审判。为了逃避审判，他离开了修道院，逃往罗马，又转移到威尼斯。后来，他又越过海拔4000多米高的阿尔卑斯山，流亡瑞士。此后，他又到过法国、德国和英国，并且多次被捕。但是，他仍继续宣传新的宇宙观，并写下了十几部批判教会的书。

由于布鲁诺在欧洲广泛宣传哥白尼新的宇宙观，进一步引起了罗马宗教裁判所的恐惧。1592年，罗马教徒把他诱骗回国，并逮捕了他。教会许诺：只要他公开宣布放弃日心说，就免他一死，并且给他足够的生活费安度晚年。

布鲁诺说：“你们不要白费力气了，我是不会为了讨好罗马教皇而说谎的。”

经过八年的监禁，布鲁诺被处以火刑，地点是罗马的鲜花广场。1600年2月17日凌晨，通往鲜花广场的街道上站满了群众。布鲁诺被绑在广场中央的火刑柱上，他向围观的人们庄严地宣布：“黑暗即将过去，黎明即将来临，真理终将战胜邪恶！”最后，他高呼：“火，不能征服我；未来的世界会了解我，会知道我的价值！”

刽子手用木塞堵上他的嘴，然后点燃了烈火。布鲁诺在熊熊烈火中英勇就义。后来，随着科学的发展，布鲁诺所宣传的日心学说被证明是正确的。1889年6月9日，为纪念这位诚实勇敢的伟大思想家，人们在布鲁诺殉难的鲜花广场上，为他树立一尊铜像，以永远纪念他的功绩。